Quadretti sparsi sulla giustizia

In copertina:
illustrazione di Martina Mammi.

IUSTITIAM COLIMUS

Guido Sola

Quadretti sparsi sulla giustizia

Giappichelli

VIA PO, 21 - TEL. 011-81.53.111

http://www.giappichelli.it

ISBN/EAN 979-12-211-1396-9
ISBN/EAN 979-12-211-6304-9 (ebook)

G. Giappichelli Editore

MARCHIO STORICO

Questo libro è stato stampato su carta certificata, riciclabile al 100%

Stampa: Stampatre s.r.l. - Torino

A Elena
Mia moglie
Mia fonte di ispirazione in tutte le cose

«La vita chiama e l'avvocatura risponde, e più straziante è il grido, più eloquente ha da essere la parola che lo raccoglie»

G. Bentini, *Le macchie sulla toga. Psicologia dell'avvocato*

Indice

Premessa

Ventitré anni.

Di esperienze professionali[1], accademiche[2] e politico-giudiziarie[3].

Ventitré anni di perplessità.

Ruminate circumnavigando l'isola Giustizia penale.

Un'isola che, nell'attualità, sembrerebbe sempre più essere destinata a cadere sotto il cannoneggiamento della pirateria che naviga le acque della Repubblica, issando il *jolly roger* del populismo e del giustizialismo.

Ventitré anni di quotidiana frequentazione di un sotto-bosco, quello del processo penale, che appare sempre più refrattario a ripensare se stesso, rivisitando in chiave critica tante infelici novelle frutto di recenti e meno recenti *boutade* politico-giudiziarie.

Dal carcere all'abuso della custodia carceraria, passando attraverso il canale dell'ergastolo ostativo, infatti, il Paese che fu di Cesare Beccaria sembrerebbe somigliare sempre più ad un vero e proprio stato etico progettato per imporre la verità assoluta, plasmando menti e cuori di tutti i cittadini [G. Crepaldi].

Riluttante a ragionare in termini garantistici e procli-

---

[1] Avvocato.

[2] Professore a contratto.

[3] Presidente della Camera penale di Modena e del *Festival* della giustizia penale.

ve a calpestare da tutti i punti di vista le basilari regole del gioco, d'altronde, quest'Italia appare ancora oggi incapace di scommettere sull'innocenza di un uomo [E. Tortora].

Amministrata da giudici che si fanno politici, sovente marcati a zona dal cosiddetto partito delle procure, d'altro canto, la giustizia penale parrebbe totalmente disinteressata a quelli che sono i veri temi dell'attualità – massmediaticità del processo penale, *privacy*, verità processuale, *wrongful convinctions* –, apparendo anche per queste ragioni così forte e così debole.

In una parola, così fallace.

Sullo sfondo di una violenza giudiziale che spesso vira verso lidi improntati a fragilità – cosa, questa, solo apparentemente paradossale –, peraltro allignano problemi tradizionalmente seri, tra i quali sembrerebbe spiccare la cosiddetta zona grigia.

Spazio franco, noto a tutte le moderne democrazie, è questa una zona che, se, per un verso, sembrerebbe essere tornata in auge in occasione di recente *querelle* politico-giudiziaria, per l'altro verso, è solita mettere profondamente in crisi i traccianti propri del diritto penale anche costituzionale, imponendo a chi regge e governa lo Stato di fare scelte di campo alla base delle quali stanno, talvolta cadendo, i principi cardine della nostra stessa civiltà giuridica.

Sullo sfondo della Repubblica giudiziaria, in ogni caso, se nessuno dubita dell'opportunità di reinserire prestamente nell'ordinamento giuridico italiano la prescrizione – rappresentando la stessa basilare istituto di garanzia –, certamente dovrebbe essere altresì ripensata la punizione.

E soprattutto dovrebbe essere rivista a ribasso questa passione tutta contemporanea per l'azione in sé del punire [D. Fassin], che, se baricentrata su politiche costantemente carcero-centriche, non sembra in grado di fare altro se non aggiungere un male ad un male.

Ventitré anni di esperienze professionali, accademiche e politico-giudiziarie, messe su carta, hanno pitturato quindici *Quadretti sparsi sulla giustizia*.

Scritti per essere appesi alle pareti della nostra professione di avvocati penalisti – quotidianamente impegnati a difendere i diritti, non i delitti, sedendo dalla parte del torto anche quando i posti dalla parte della ragione fossero già tutti occupati [B. Brecht] – e prima ancora a quelle del nostro essere semplicemente cittadini e dunque non-giuristi.

Per riflettere sullo stato dell'arte della giustizia penale in Italia vista dall'angolo visuale di chi, per ragioni professionali, si trova quotidianamente a frequentare santi e peccatori, avendo infine maturato la triste consapevolezza che nella vita vera «due e due [...] possono fare anche cento, anche mille» [G. Bentini].

Perché la vita vera è grigia.

Non è bianca e non è nera.

Ma è grigia.

L'intenzione, insomma, voleva essere quella di fissare sulla carta questa prima ultra-ventennale tappa del viaggio lungo l'autostrada della Giustizia penale anche per capire quanta strada si debba ancora percorrere per rimettere davvero al centro della scena di questo Paese la dignità delle persone.

Nella consapevolezza che la dignità delle persone è quella cosa che, una volta persa, non si ritrova più [I. Berlin].

1
Carcere

Suicidi.

In carcere.

È inaccettabile.

Premesso che ogni suicidio in carcere è figlio della disperazione che ne inzuppa finanche i muri, deve essere chiaro che ragionare di suicidi di persone la vita delle quali è(ra) nelle mani dello Stato equivale a ragionare di veri e propri sfregi alla nostra pretesa civiltà giuridica.

Non è possibile dibattere di carcere, sempre e solo *en passant* peraltro, solamente quando si verificano quelli che nel freddo linguaggio romano si sogliono definire eventi critici.

Sedevo a mia volta nella commissione ministeriale chiamata a riscrivere la legge di ordinamento penitenziario minorile.

Eppure, per quanto i numeri inerenti ai minorenni detenuti negli istituti penali minorili non fossero assolutamente comparabili per difetto a quelli inerenti ai maggiorenni ristretti in stato di cattività carceraria, nemmeno in quell'occasione la politica intese fare passi avanti nella direzione di nuove civiltà esecutive.

Quell'esperienza mi permise anzi di comprendere una volta per tutte che parlare di carcere non è cosa che interessi alla politica.

Diciamolo chiaramente: il *dossier* carcere è politicamente perdente.

In parte perché viviamo un'epoca storica ammalata di populismo e giustizialismo nell'ambito della quale è certamente più facile per la politica giocare a buttiamo via la chiave secondo malintesi schemi concettuali costruiti a partire da paradigmi per duri e puri.

In parte perché, complice una politica che, non desiderando parlare di carcere, non si preoccupa nemmeno di favorire seri dibattiti culturali in materia, non siamo pronti a pensare che il carcere sia un affare della nostra società.

Eppure il carcere è certamente un affare della nostra società.

Non solo perché viviamo in uno stato di diritto.

Ma anche perché non può più apparire credibile una giustizia che si dimostra ancora oggi evidentemente incapace di intervenire fruttuosamente a valle del delitto, sanando la frattura sociale causata dallo stesso.

Il ragionamento, da questo punto di vista, è semplice.

Il delitto è un male.

E un male, se rappresentato graficamente, verrebbe rappresentato con il segno –.

Se così è però allora la domanda diventa: può la pena essere a sua volta un male?

Perché, se la pena fosse a sua volta un male, allora anche la stessa dovrebbe essere rappresentata graficamente con il segno –.

Ma due segni –, benché sommati tra loro, non possono certamente restituire un segno +.

Se quanto precede è corretto, non sembra allora revocabile in dubbio che la pena non possa essere a sua volta un male.

E soprattutto che il carcere non possa essere solamente questo.

Perché questo carcere, come certamente potrebbe confermare chiunque ne abbia toccato con mano logiche e funzionamento, è pensato esclusivamente per isolare.

Perché questo carcere, come ben potrebbe testimoniare chiunque – agente di polizia penitenziaria, educatore, volontario e/o detenuto – vi si trovi ristretto, è pensato esclusivamente per dividere.

Perché questo carcere, come silenziosamente urlano le voci delle persone che si sono uccise per l'avere perso la propria immagine nello specchio frantumato delle proprie vite [M. Recalcati], è pensato solamente per infliggere sofferenze.

Questo carcere è inutile.

Perché è incapace di assolvere il compito che la Costituzione assegna allo Stato allorquando lo obbliga a progettare una vera offerta rieducativa personalizzata in favore di tutti i condannati.

Perché, nella sua vuota immobilità a-cronica, frustra la dignità di chi – agente di polizia penitenziaria, educatore, volontario e/o detenuto – vi si trovi a convivere.

E perché non è in grado di stimolare nel condannato nessuna vera riflessione auto-critica capace di condurre spontaneamente lo stesso ad abbracciare nuovi e più valoriali percorsi di vita.

Ciò non significa, beninteso, che il carcere vada abolito.

Ci sono situazioni, non solo esecutive, ma anche cautelari, che sicuramente giustificano la neutralizzazione giuridica di persone che prima di essere liberate devono poter essere osservate a livello intramurario.

Ma a parte il fatto che la pena ha *ex lege* una fine, sopraggiunta la quale, benché non rieducato, il condannato deve comunque essere liberato, il punto è che questo carcere va ripensato già a partire dalle sue logiche di fondo.

Perché non si può pensare di attendere il prossimo suicidio che verrà per dare concreta attuazione a quanto stabilito in materia dalla Costituzione.

Un'esecuzione penale moderna non può più essere costruita a partire da un carcere che, così strutturato, non restituisce altro se non perenne sospensione della quotidianità.

Un'esecuzione penale moderna non può più essere costruita a partire da un carcere che, in questo suo sempre uguale immobilismo improntato a *pura (non) vida*, produce unicamente disperazione.

Un'esecuzione penale moderna non può più essere costruita a partire da un carcere che, su queste basi – e come si diceva poc'anzi –, sa solo aggiungere male a male.

Il *dossier* carcere è politicamente perdente.

È vero.

Ma ciò non toglie che è attraverso il prisma proprio del carcere che si misura la civiltà giuridica del Paese – era Voltaire a ricordare che la civiltà giuridica di un Paese non si misura a partire dal suo palazzo reale, ma a partire appunto dalle sue prigioni –.

Finché la nostra società non rinuncerà a logiche carcerarie che, quali quelle attuali, sono anche filosoficamente inaccettabili, in questo Paese non sarà mai possibile ridisegnare in termini costituzionalmente compatibili l'esecuzione penale.

Ci ritroveremo dunque e ben presto a discutere ancora una volta dell'assoluta inutilità di un carcere che, così strutturato, costa da tutti i punti di vista senza produrre assolutamente nulla di utile da nessun punto di vista.

Ma soprattutto ci ritroveremo dunque e ben presto a piangere, ancora una volta, il prossimo inaccettabile suicidio di persona la cui incolumità il nostro stato di (non) diritto avrebbe dovuto garantire.

Senza considerare che, sullo sfondo, alligna, drammatico, anche il tema dell'abuso della custodia carceraria.

Perché quest'Italia, purtroppo, è ancora oggi un Paese incapace di comprendere che, nell'ambito di un sistema processuale baricentro del quale è la presunzione di non colpevolezza, la libertà è la regola e la cattività è l'eccezione.

Da questo punto di vista, anzi, la storia dell'abuso della custodia carceraria in Italia è la storia di un vero e proprio abuso sistematico.

Basti considerare in proposito quanto attestato ancora oggi dalle statistiche ministeriali in materia, impietose nel contabilizzare ogni anno circa mille casi accertati di ingiusta detenzione.

Anche sotto questo profilo è sicuramente opportuno sgombrare il campo dagli equivoci.

In tutti gli ordinamenti giuridici moderni esistono misure cautelari personali atte a sterilizzare i cosiddetti pericoli di fuga, di inquinamento probatorio e di reiterazione del reato.

Ma un conto è prevedere misure cautelari personali destinate a trovare applicazione nelle more della decisione giudiziale quando a venire in rilievo siano appunto pericoli quali quelli testé passati in rassegna.

Altro conto è abusarne, con ciò spostando a ritroso il baricentro della pena dalla fase esecutiva alla fase procedimentale.

Come si diceva poc'anzi, d'altro canto, le statistiche ministeriali in materia sono ancora oggi impietose: più di un terzo di coloro che si trovano ristretti in carcere sono imputati e dunque presunti non colpevoli.

È inaccettabile.

Non solo perché, come detto, nell'ambito di un processo penale di matrice accusatoria, applicare misure cautelari personali per scongiurare *pericula* di fuga, di inquinamento probatorio e/o di reiterazione del reato nelle more della sentenza penale dovrebbe rappresentare strettissima eccezione.

Ma anche perché soprattutto da questo punto di vista a venire in rilievo è la dignità di persone che, ingiustamente imputate in un procedimento penale, si vedono spesso assolvere, avendo però già crudelmente sperimentato sulla propria pelle la fredda umiliazione degli schiavettoni.

Cosa, questa, che, pur a fronte dell'intervenuta assoluzione, è spesso destinata ad ipotecarne comunque le vite, stante la mostrificazione mass-mediatica che fa sovente da contraltare all'intervenuta carcerazione preventiva in sede procedimentale.

Alla luce di quanto precede, è soprattutto nel ragionare di suicidi in carcere che si deve infine arrivare a comprendere che la storia della procedura penale, se letta in controluce, null'altro rappresenta se non la contro-storia della dignità delle persone.

Di persone che, spesso innocenti, si trovano loro malgrado costrette a fare i conti con lo Stato secondo il classico copione che vede Davide – l'imputato – contrapposto a Golia – il pubblico ministero e la polizia giudiziaria –.

Di persone che, spesso innocenti, si trovano loro malgrado costrette a fronteggiare una forza, quella statuale, davvero pervasiva.

Capace di penetrare, sovente disintegrandone innanzitutto la *privacy*, le vite vere di persone vere, azzerandole anche dal punto di vista patrimoniale.

Questa ovviamente non è una buona ragione per non celebrare processi penali che possono e devono essere celebrati ogni qual volta si tratti di comprendere se Tizio abbia davvero commesso un reato, dovendo conseguentemente essere condannato alla pena prevista dalla legge.

Lo Stato – è indubitabile – ha pieno diritto-dovere di perseguire i reati e di punirne gli autori.

Ma ciò non significa che di processo penale in Italia si possa ancora oggi arrivare a morire e che lo Stato possa continuare a far finta che soprattutto in questa materia non esistano limiti costituzionali e legislativi.

Non si può continuare ad abusare di un istituto giuridico che è stato pensato per fronteggiare specifiche situazioni cautelari, asservendo quotidianamente lo stesso a pretese finalità di controllo sociale stravaganti rispetto a quelle costituzionalmente e legislativamente previste.

Perché la legge esiste innanzitutto per porre limiti.

Limiti pensati per limitare i pubblici poteri, scongiurando con ciò il rischio, invero non latente, che degli stessi i pubblici poteri abusino in danno del cittadino.

Che si tratti di situazioni inerenti alla fase esecutiva ovvero di situazioni inerenti alla fase cautelare, insomma, i limiti costituzionali e legislativi non devono mai essere superati.

Perché in gioco soprattutto in questa materia ci sono i nostri diritti di libertà.

E perché la dignità delle persone è quella cosa che, una volta persa, non si ritrova più [I. Berlin].

2

Custodia carceraria

Se il carcere, come è stato icasticamente detto, rappresenta il luogo ove mancano addirittura spazi per poter anche solo piangere senza essere disturbati [M. Rossetti], l'abuso della custodia carceraria rappresenta la storia vera dell'abuso sistematico di un istituto processuale pensato per trovare eccezionale applicazione.

Ma che, nel passare dalla teoria alla pratica, è spesso (ab)usato a mo' di maglio per esercitare indebite pressioni psicologiche nei confronti dell'imputato: «nei fatti, tentano di ottenere una confessione ricorrendo allo strumento di pressione psicologica più forte che hanno: privarti della libertà e isolarti dal tuo mondo» [M. Rossetti].

Sull'abuso della custodia carceraria, come noto, sono state scritte migliaia di pagine.

Si interrogava in merito Cesare Beccaria, considerando circa il fatto che un uomo non potesse essere chiamato reo prima di essere condannato con sentenza.

Si interrogava in merito Francesco Mario Pagano, che osservava amaramente come tra dolore e verità non potesse esservi nessun rapporto.

E si interrogava in merito Francesco Carrara, stigmatizzando l'immoralità propria della carcerazione preventiva.

Eppure ancora oggi ben può accadere che un uomo

possa patire sulla propria pelle l'umiliazione carceraria pur essendo semplicemente imputato.

Quest'anno la nostra Costituzione compirà settantasette anni ed è cristallina in proposito: se la libertà personale è inviolabile, della stessa non è ammessa nessuna limitazione eccezion fattasi per le ipotesi previste dalla legge.

Non meno cristallina peraltro è la legge ordinaria: per poter applicare la custodia carceraria, infatti, se gli indizi di colpevolezza devono sempre essere gravi, i pericoli di inquinamento probatorio, di fuga e/o di reiterazione del reato devono sempre essere concreti ed attuali.

In difetto, nessuno deve poter essere cautelarmente rinchiuso in prigione.

A ciò si aggiunga che la custodia carceraria non dovrebbe mai essere applicata sul presupposto che l'imputato si sia rifiutato di confessare le proprie responsabilità.

Eppure ancora oggi si continua ad abusare della custodia carceraria anche *ad eruendam veritatem*, continuando con ciò ad intravedere nell'imputato quella bestia da confessione [F. Cordero] che erano soliti intravedervi gli inquisitori medioevali.

Le statistiche ministeriali in materia sono impietose: alla data di martedì, 31 dicembre 2024, infatti, i detenuti in Italia erano 51.320.

Di questi, più di un terzo erano imputati in attesa di giudizio.

Ciò significa che, benché già rinchiuse in prigione, alla data di martedì, 31 dicembre 2024, più di 17.000 persone attendevano di poter svolgere le proprie difese avanti il proprio giudice.

Il concetto, in sintesi, è questo: caro Tizio, il tuo *status* giuridico è quello di semplice imputato.

Ma, finché il giudice non fisserà l'udienza a tuo carico, non ti sarà data nessuna possibilità di esercitare concretamente il diritto di difesa, posto che tale diritto potrà essere esercitato unicamente nell'ambito di tale udienza.

Nel frattempo però, previa richiesta del pubblico ministero, il giudice ha giudicato corretto applicato a tuo carico la misura cautelare della custodia carceraria.

Perché?

Perché ha ritenuto sussistenti a tuo carico gravi indizi di colpevolezza.

E perché sullo sfondo della tua vicenda procedimentale ha intravisto situazioni concretamente ed attualmente riconducibili al pericolo di inquinamento probatorio e/o al pericolo di fuga e/o al pericolo di reiterazione del reato.

Alla luce di quanto precede però la domanda è: una volta che, fissata l'udienza a loro carico, sarà stata data loro la possibilità di esercitare il diritto di difesa, quanti di coloro che erano rinchiusi in prigione alla data di martedì, 31 dicembre 2024 saranno dichiarati non colpevoli?

Quante vite vere, vero ciò, saranno distrutte siccome sacrificate ancora una volta sull'altare di questo sistematico abuso?

Sgombriamo il campo dagli equivoci.

Nessuno intende revocare in dubbio il fatto che le misure cautelari personali siano parte integrante anche del nostro sistema processuale penale.

È evidente che, se sussistono a monte pericoli probatori ovvero pericoli di fuga, ci deve essere a valle la possibilità di mettere in sicurezza la situazione.

Parimenti, nessuno intende discutere che, se davvero sullo sfondo della singola vicenda procedimentale si annidano situazioni concretamente ed attualmente riconducibili al pericolo di reiterazione del reato, il giudice debba poter tutelare la collettività neutralizzando giuridicamente l'imputato già nelle more della celebrazione del dibattimento a suo carico.

Ma questo non significa che, nel passare dalla teoria alla pratica, si debba continuare a tollerare il fatto che questo Paese abbia degradato da tempo la presunzione di non colpevolezza a mero artificio retorico [A. Chirico].

Diciamolo chiaramente: questo è un Paese che fatica ancora oggi a scommettere sull'innocenza di un uomo [E. Tortora] nel quale, complice una politica adolescente che pretende di dare risposte semplici anche in materie complesse come la giustizia penale, imperano da anni populismo e giustizialismo.

È inaccettabile.

Perché, quotidianamente alimentati anche dal punto di vista mass-mediatico, populismo e giustizialismo sono arrivati finanche a sdoganare malintese concezioni salvifiche del diritto penale che sembrerebbero aver definitivamente ipotecato la possibilità di dare vita a seri dibattiti culturali soprattutto in materia di abuso della custodia carceraria.

A ciò si aggiunga che nell'attualità questa visione squisitamente giansenista del diritto penale appare ineluttabilmente destinata a 'mecciarsi' con il processo penale mass-mediatico.

Che si nutre di cronache giacobine su esseri umani che non hanno fatto nulla, ma che vengono comunque presentati come colpevoli fino a prova contraria [M. Rossetti].

Che ricostruisce liberamente i fatti processuali, prescindendo dalle regole del gioco codicisticamente imposte.

Che incide negativamente sull'imparzialità del giudice.

Quand'è che ci renderemo finalmente conto del fatto che l'abuso della custodia carceraria disintegra la dignità delle persone?

Quante altre vite vere dovranno andare in mille pezzi prima che questo Paese capisca che bisogna prestamente ricominciare a lavorare sulla cultura della legalità?

Possiamo convocare mille commissioni ministeriali.

Ma non è così che cambieremo le cose.

Né le cambieremo intervistando in merito mille giuristi e/o varando in materia mille novelle legislative.

Finché non capiremo che le manette sono una sensazione terribile, che non si cancella più [M. Rossetti], le cose non cambieranno mai.

Vogliamo davvero che le cose cambino?

Meglio: vogliamo davvero cambiare le cose?

Dobbiamo cambiare noi.

Dobbiamo arrivare a calibrare noi, in quanto cittadini, una consapevole visione della legalità a partire dalla quale iniziare a pretendere che la politica legislativa penale di questo Paese ricominci a ricostruire seriamente il concetto di dignità delle persone.

Perché è proprio a partire dallo stesso che, nel ragionare di abuso della custodia carceraria, devono essere recuperati i valori propri del garantismo.

Che, *pro futuro*, possono e devono essere instillati in più fruttuose riflessioni civiche in materia.

È proprio su questi stessi valori, d'altro canto, che la politica legislativa penale di questo Paese deve ricominciare ad innestare corrette linee di azione.

Nessuno può revocare in dubbio il fatto che in gioco, qui giunti, ci siano i nostri diritti di libertà.

Non è accettabile che ancora oggi, come detto, quest'Italia non sappia scommettere sull'innocenza di un uomo [E. Tortora].

Né è prospettiva, questa, che l'avvocatura anche istituzionale e/o associata possa tollerare più oltre.

Vista l'attuale situazione italiana – ne sono perfettamente consapevole –, qualcuno potrebbe pensare che ricostruire seriamente il concetto di dignità delle persone nell'ambito di un Paese così gravemente ammalato di populismo e di giustizialismo rappresenti il classico sogno.

Ma, a parte il fatto che la vita e i sogni sono fogli di uno stesso libro [A. Schopenhauer], deve essere chiaro a tutti che non si possono domare i sognatori.

3
Ergastolo ostativo

In occasione della proiezione modenese del bellissimo docu-film intitolato Spes contra spem. *Liberi dentro*, Ambrogio Crespi sottolineò, secondo verità, che la sua arte non rifletteva la gerarchia delle cose urgenti.

Aveva ragione.

Perché parlare di carcere è cosa che non interessa né alla politica né alla società.

Ma ciò non toglie che sia necessario parlarne e soprattutto che sia finanche doveroso continuare a denunciare il fatto che l'ergastolo ostativo, inteso esso alla stregua di pena senza scampo [V. Spigarelli], sia inaccettabile.

Basti considerare in proposito come, già all'indomani degli Stati generali sull'esecuzione penale, l'allora Ministro della giustizia Andrea Orlando si peritasse di ricordare espressamente che compito degli stessi fosse innanzitutto quello di progettare nuovi modelli esecutivi penali costruiti a partire da pene moderne, improntate in quanto tali a vero finalismo risocializzativo.

Se corrisponde a verità, infatti, che è la Costituzione a sancire che le pene debbano tendere alla rieducazione del condannato, non v'è allora chi non veda come, per questo solo, il finalismo risocializzativo delle stesse non debba mai essere degradato a mera declamazione retorica.

Per stessa ammissione e della Convenzione europea dei diritti dell'uomo e della Costituzione, d'altro canto, nessuno può essere sottoposto a pene inumane o degradanti.

L'affermazione che precede, perentoria, si appalesa fondamentale.

Perché, come espressamente riconosciuto anche dagli Stati generali sull'esecuzione penale, ogni violazione avente ad oggetto diritti inviolabili ferisce la dignità del condannato, impedendo alla pena di centrare l'obiettivo rieducativo.

Se davvero vogliamo che la pena possa svolgere la propria funzione rieducativa, in altre parole, dobbiamo espressamente accettare tre pre-condizioni.

La prima.

Il principio rieducativo della pena può inerire unicamente all'uomo considerato come fine.

L'uomo, in altre parole, non può mai essere considerato alla stregua di un mezzo per perseguire strategie politiche finalizzate a contrastare di volta in volta la criminalità organizzata piuttosto che il terrorismo piuttosto che l'immigrazione, ecc.

Perché la pena non può mai comportare nessuna *capitis deminutio*.

In difetto, si avrebbe la violazione di ordinamenti che, quali quelli convenzionale e costituzionale, affondano le proprie radici nel primato della persona.

La seconda.

Il principio rieducativo della pena deve avere quale contraltare l'offerta da parte dello Stato di vere e proprie *chances* riabilitative.

Il tempo della pena non deve mai equivalere a *time out* esistenziale, ma deve sempre essere tempo di opportunità.

La terza.

Al principio rieducativo della pena deve sempre fare da *pendant* il fatto che i condannati siano considerati titolari di un vero e proprio diritto alla rieducazione.

Se questi sono i traccianti propri di una moderna esecuzione penale però non v'è chi non veda, a mio parere, come l'ergastolo ostativo non possa essere considerato in nessun modo compatibile con gli stessi.

In primis perché a venire qui in rilievo è un istituto pensato per punire una persona, non il delitto che quella persona ha commesso.

Una persona, quella che l'ergastolo ostativo, così impostata la questione, intende punire, che, gelosa della propria libertà morale, decide di non collaborare con l'Autorità giudiziaria per sostituire sé con altri in carcere.

L'affermazione che precede non deve stupire.

Perché rappresenta semplicemente la conseguenza di quanto stabilito dalla legge di ordinamento penitenziario, se corrisponde a verità che, con riguardo a tutta una serie di delitti che il legislatore presume essere propri della criminalità organizzata, i benefici penitenziari possono essere concessi solo se il condannato decide di collaborare con la giustizia.

Allo stato attuale della legislazione in materia, in altre parole, la collaborazione con l'Autorità giudiziaria va a rappresentare la *condicio sine qua non* per poter accedere a forme extra-murarie di esecuzione penale.

Consimile meccanismo legislativo sinceramente fa paura.

Fa paura come soli sanno fare paura tutti i meccanismi legislativi costruiti a partire da presunzioni assolute.

Nell'ambito della legge di ordinamento penitenziario, infatti, il legislatore presume *iuris et de iure* appunto che il condannato con riguardo a taluno di questi specifici delitti sia soggetto pericoloso che pericoloso è e pericoloso resterà anche dopo la condanna irrevocabile.

Alla luce di quanto precede, potremmo dire che la legge di ordinamento penitenziario calibri oggi uno strumento esclusivamente punitivo, la vera funzione del quale sembrerebbe essere quella di disegnare un circuito trattamentale differenziato a partire da singoli tipi di delitti.

Anche per queste ragioni però l'ergastolo ostativo è inaccettabile e va abolito.

Va abolito perché si traduce in un vero e proprio fine pena mai, ovvero in una vera e propria condanna (fino) a morte.

Va abolito perché contrassegna un istituto che non è in grado di dare a nessuno nessuna possibilità di riscatto.

Va abolito perché è contrario a qualsivoglia basilare principio etico e/o giuridico.

E va abolito perché oggettivamente non conviene a nessuno: a chi conviene mantenere detenuti 'nullafacenti' costretti a vivere chiusi in cella per ventidue ore su ventiquattro?

Senza considerare in proposito che le statistiche ministeriali in materia sono cristalline nell'attestare ancora oggi che gli unici percorsi riabilitativi davvero in grado di sterilizzare gli arcinoti fenomeni di recidiva connessi all'esecuzione intramuraria della pena sono rappresentati da quelli extra-murari, vale a dire dalle cosiddette misure alternative alla detenzione – che, così impostata la questione, sembrerebbero rappresentare altresì le uniche misure in grado di assicurare all'opinione pubblica quella sicurezza sociale che giustamente l'opinione pubblica pretende –.

Il problema dell'ergastolo ostativo in ogni caso è culturale, trattandosi di rompere qui un vero e proprio monopolio.

Quale?

Quello che non accetta ancora oggi che, per essere eque, le pene debbano *in primis* essere giuste, tali non potendo essere per definizione quelle che affondano le proprie radici in istituti costruiti a partire dall'evidente negazione della dignità delle persone: nessun delitto, nemmeno laddove si intendesse ragionare in termini squisitamente retribuzionistici, potrà mai giustificare una pena senza fine.

Perché una pena senza fine è una pena il percorso trattamentale sotteso alla quale è modellato a partire non già dall'uomo, ma dal delitto commesso.

Perché una pena senza fine è una pena costruita a partire da inaccettabili presunzioni legali di irrecuperabilità sociale.

E perché una pena senza fine, a conti fatti, equivale alla tortura.

A ciò si aggiunga che spesso chi è stato condannato e incarcerato x anni prima, x anni dopo non è più lo stesso uomo.

Purtroppo però anche da questo punto di vista l'ergastolo ostativo non è in grado di infondere speranza nemmeno a chi negli anni fosse davvero diventato un altro uomo.

E ciò benché il diritto alla speranza, riconosciuto in quanto tale anche dalle fonti sovranazionali, si traduca sovente nella spinta motivazionale che si appalesa in grado di promuovere positive evoluzioni psico-comportamentali nel condannato-tipo.

Se quanto precede è corretto, sembra allora che avesse davvero ragione Ambrogio Crespi nell'affermare che, in quanto politicamente perdente, il *dossier* carcere non interessi *in primis* alla politica.

Ma ciò non significa, a mio parere, che la battaglia contro l'ergastolo ostativo non vada comunque combattuta.

Perché, sul piano della civiltà (non solo) giuridica, a venire qui in rilievo è certamente una battaglia di avanguardia.

Che va combattuta con forza.

Per quanto gravissimo possa essere il delitto commesso, infatti, c'è una cosa che nessuno, nemmeno lo Stato, deve mai poter togliere a nessuno: la speranza.

4
Garantismo

Filtrato attraverso il prisma proprio del processo penale, il garantismo rappresenta un tema composito, destinato a disegnare specifici sotto-temi primari quali la conoscibilità dell'accusa, la difesa tecnica, il diritto di difendersi provando, la completezza investigativa, ecc.

La qual cosa, a ben guardare, rappresenta semplicemente la diretta proiezione processuale dell'idea stessa di garantismo, le plurime sfaccettature della quale ne rendono *ex se* disagevole un più puntuale inquadramento dogmatico.

Se corrisponde a verità però che garantismo è sostantivo chiamato a parametrare anche in chiave meta-giuridica la «concezione che attribuisce rilievo primario a diritti e libertà individuali nei confronti dell'autorità dello Stato» [C. Santoriello], sembra allora corretto affermare che, nell'ambito dello *ius dicere*, *veritas, non auctoritas facit legem* [L. Ferrajoli].

L'aforisma che precede, se, per un verso, appare perfettamente in grado di fotografare correttamente le vere caratteristiche del garantismo giuridicamente inteso, per l'altro verso, sembrerebbe schiudere la via a due importanti considerazioni preliminari.

La prima.

Se si concorda sul fatto che nel processo penale la pubblica accusa veste i panni di Golia e l'imputato quelli di Davide, si dovrà altresì concordare sul fatto che nessuna garanzia difensiva prevista dal codice di procedura penale possa essere considerata superflua.

La seconda.

Proprio su questo sfondo, in prospettiva *de iure condendo*, bisognerebbe mettere seriamente mano *in primis* alla cronologia del processo penale.

Perché, nel passare dalla teoria alla pratica, nessuno può revocare in dubbio che spesso, le indagini preliminari durino anni.

Se però si considera che le indagini preliminari rappresentano una fase processuale nell'ambito della quale la difesa usualmente non tocca palla, non v'è chi non veda come, nella pratica, il diritto di difesa rischi sovente di evaporare: contrapporre all'accusa un vero e proprio diritto di difendersi provando a distanza di anni, infatti, non appare sempre possibile.

Spesso per converso accade che, proprio a causa dello scorrere del tempo, la difesa non possa che contrapporre all'accusa un più basico diritto di difendersi negando.

Da quanto precede discende che ragionare di garantismo e processo penale significhi ragionare innanzitutto di rispetto delle regole.

Nella consapevolezza, che spesso la stessa magistratura giudicante mostra di non aver correttamente interiorizzato, che sono regole tanto quelle penali sostanziali quanto quelle penali processuali: come le prime, infatti, anche le seconde esistono per garantire che il processo penale si appalesi giusto.

Sotto quest'ultimo profilo, d'altro canto, non sembra

revocabile in dubbio il fatto che la giustizia, per quanto imperfetta possa essere la giustizia dell'uomo, non possa essere amministrata da giudici che pensano di poter giudicare altri uomini sulla base delle proprie personali convinzioni.

Eppure giudici così esistono e operano quotidianamente nelle nostre aule di giustizia.

È inaccettabile.

Non solo perché accettare quanto sopra significa accettare un'evidente non-giustizia.

Ma anche perché accettare quanto sopra equivale ad avallare veri e propri arbitri costruiti a partire da personali visioni proprie del singolo giudice che, valorizzando sue proprie impostazioni etiche, punta a ricostruire il mondo secondo sue proprie ambizioni moralizzatrici.

Senza considerare, per quel che qui importa, che impostazioni come queste sono ineluttabilmente destinate a produrre drammatici errori giudiziari.

Perché contro l'ontologica umana fallacia non esiste nessun antidoto, eccezion fattasi appunto per lo scrupoloso rispetto delle regole sostanziali e processuali.

Ma il garantismo, a ben guardare, è anche un'idea.

Un'idea di libertà.

Che affonda le proprie radici nella matura consapevolezza che la vita non è né bianca né nera.

Ma è grigia.

E che non possiamo essere sempre «buoni avvocati con i nostri errori e [...] ottimi giudici con quelli degli altri» [A. Gravina].

Il concetto, che, così impostata la questione, vira verso lidi filosofici, è perfettamente fotografato, a mio parere, da *La* bellissima *lezione di Faber sulla giustizia*.

Fabrizio de André era un poeta.

Capace, come solo i poeti sanno essere, di cantare l'immortalità e di guardare all'umanità esattamente per quella che è.

Senza pretendere di ingabbiare la stessa nel diritto – che peraltro è cosa distinta e distante e dalla giustizia e dal senso della giustizia –, ma sempre tentando di costruire ponti attraverso quella sospensione del giudizio – quel-l'ἐποχή (epoché) che Edmund Husserl evocava invitando a mettere tra parentesi – che sola può connettere tra loro l'umanità e la realtà.

Perché quella che Fabrizio de André ha voluto tratteggiare, con immagini sovente crude, spesso violente, ma certamente sempre vere, a ben guardare, è stata l'umanità vera.

Quella che quotidianamente affronta tra mille peripezie i saliscendi della vita e che, quando si interroga, certamente non indugia sulla giustizia, ma sul senso della giustizia appunto.

Perfettamente consapevole del fatto che, nella vita vera, la giustizia non ha né benda né spada né bilancia.

Perché è la giustizia dell'uomo quella che Fabrizio de André ha inteso cantare.

Non la giustizia divina.

Non la giustizia illuministica che – insegnava Alessandro Manzoni – tutto corregge(va) attraverso il filtro proprio del dogma e della fede.

Ma la giustizia dell'uomo.

E la giustizia dell'uomo, quella che taglia trasversalmente le nostre vite vestendo sovente i panni dell'ingiustizia, è fallace.

Perché fallace è l'uomo.

Tutti siamo fallaci.

Eppure, nonostante ciò, giudichiamo.

È inutile negare.

Lo facciamo ogni giorno.

E condanniamo.

È inutile negare.

Lo facciamo ogni giorno.

È sbagliato.

Ma è epidermicamente facile.

E semplicemente naturale.

Nel giudicare e nel condannare però ci dimentichiamo appunto de *La lezione di Faber sulla giustizia*.

Che è la stessa lezione di Voltaire.

Posto che Voltaire *in primis* si peritava di ricordare che siamo uomini.

In quanto tali, tutti fallibili.

Ed inclini all'errore.

Ineluttabilmente destinati a cadere.

A cadere.

A cadere.

A conti fatti, il garantismo è esattamente questo.

Quello che Fabrizio de André ha inteso cantare cantando appunto quella sospensione del giudizio che equivale a dire no.

No alla facilità di giudizio.

No alla facilità di condanna.

E, prima ancora, no a tutto ciò che troppo spesso contrassegna in negativo le nostre vite e che, nella vita quotidiana così come quando si ragiona di giustizia, ci conduce ad essere sovente populisti nell'impostazione e giustizialisti nel giudizio.

Fabrizio de André non era un populista e non era un giustizialista.

Perché era un garantista.

E certamente gli va riconosciuta coerenza con la c maiuscola.

Perché non era un garantista solo nei confronti di chi, *Geordie*, rubava sei cervi nel parco del Re per mangiare, ma anche nei confronti di chi, l'assassino de *Il pescatore*, non aveva remore ad ammettere appunto di essere un assassino.

Perché, nell'ambito dello stato di diritto e dunque della logica garantista che deve essere posta a base dello stesso, anche per l'assassino deve esservi lo spazio, non solo giuridico, ma anche morale, per espiare la propria pena e per redimere se stesso.

È stato scritto – e ne convengo – che la poesia non è fatta per giudicare, ma per donare umanità [P. Cavalli].

Quell'umanità che sempre Fabrizio de André donava anche in favore di chi sbaglia.

Perché anche chi sbaglia, pur avendo il dovere di pagare, dopo essere caduto, ha certamente il diritto di ripartire.

Questo ovviamente non significa approvare.

Significa semplicemente essere garantisti.

E partire dal presupposto che la pena ha in sé una duplice finalità: retributiva, ma anche rieducativa.

La giustizia dell'uomo, quella che taglia trasversalmente l'opera di Fabrizio de André e che rappresenta il classico legno storto [A. Oz], è fallace.

Ma se così è, allora essere garantisti diventa finanche un dovere costituzionalmente imposto.

Si è soliti dire che è soprattutto con i giovani che si dovrebbe ragionare di garantismo.

Sono d'accordo.

Perché ragionare di garantismo, a conti fatti, significa chiarire che nella vita le battaglie, quelle vere, quelle giuste, quelle di principio, vanno sempre combattute.

Possono essere perdenti, come probabilmente è perdente quella avente ad oggetto il garantismo.

Ma vanno comunque e sempre combattute.

Senza se e senza ma.

Anche quando combattere la singola battaglia vera, giusta, di principio, significa accettare che una collettività oggi così profondamente ammalata di populismo e giustizialismo critichi.

E tiri pietre.

Ci sta.

Perché combattere le battaglie vere, giuste, di principio, significa camminare contro vento ovvero – e come ci ha insegnato ancora una volta Fabrizio de André – *In direzione ostinata e contraria*.

Ragionare di garantismo, d'altro canto, è ricordare l'insegnamento di Bertold Bretch: ci sedemmo dalla parte del torto perché tutti gli altri posti – i posti dalla parte della ragione – erano già occupati.

Dovremmo tutti imparare a sedere a nostra volta dalla parte del torto prima di giudicare e prima di condannare.

Perché, come si diceva poc'anzi, la vita è grigia.

Non è bianca e non è nera.

Ma è grigia.

E spesso accade che le cose si appalesino completamente diverse da come appaiono *prima facie*: «[c]on l'andare del tempo» – scriveva Fabrizio de André –, «si scopre che gli uomini sono dei meccanismi talmente complessi, che tante volte agiscono indipendentemente dalla loro volontà.

Allora finisci per trovare poco merito nella virtù e ben poca colpa nell'errore.

[E s]e si estend[e] questo tipo di indulgenza anche a [s]e stess[i], [si arriva] ad avere un rapporto meno contrastato con il [proprio] prossimo.

La cosa curiosa è che l'avevo capito fin da quando avevo vent'anni e scrivevo cose come "se non sono gigli son pur sempre figli, [comunque] vittime di questo mondo"».

5
Giudice-politico

Il giudice-politico.

Tema affascinante.

Ma complesso.

Primo *step* del ragionamento – anche perché la premessa appare d'obbligo –.

Davvero si può parlare ancora oggi di testualismo?

La parola, come noto, è solitamente usata per indicare il primato del testo legislativo nella definizione della fattispecie punibile.

Quando si ragiona in questi termini, in altre parole, a decidere quali condotte umane debbano costituire reato e quali no è il legislatore.

Nel mondo di quelli che sono stati elegantemente definiti precetti senza legge che affollano l'ordinamento [F. Sgubbi] però a stagliarsi sullo sfondo sono sempre più spesso i principi figli delle sentenze.

Nell'attualità, insomma, a decidere quali condotte umane debbano costituire reato e quali no sembrerebbero essere sempre più spesso i giudici.

Di qui la nascita della figura del giudice-politico.

Secondo *step* del ragionamento.

È assetto corretto questo?

Nell'ottica degli illuministi, come noto, solo la lettera della legge poteva decidere quali condotte umane dovessero costituire reato e quali no.

Quanto sopra si appalesava a tal punto vero che la stessa applicazione processuale della legge non poteva che essere figlia del sillogismo giudiziale: secondo Cesare Beccaria, infatti, una corretta risposta giudiziale avrebbe dovuto transitare esclusivamente attraverso la relazione esistente tra premesse del ragionamento a monte e sue conclusioni a valle.

In difetto, a venir meno sarebbe stata la stessa certezza del diritto: finché «la sorte di un cittadino cambiar[à] spesse volte nel passaggio che fa' a diversi tribunali, nessuna certezza potrà mai dirsi compiuta».

Nell'ottica del filosofo, in sostanza, se l'eccessiva discrezionalità del giudice rappresentava certamente un veleno, l'unico antidoto contro lo stesso avrebbe dovuto essere individuato appunto nel sillogismo giudiziale: «[i]n ogni delitto si deve fare dal giudice un sillogismo perfetto: la maggiore dev'essere la legge generale, la minore l'azione conforme o no alla legge, la conseguenza la libertà o la pena.

Quando il giudice sia costretto, o voglia fare anche soli due sillogismi, si apre la porta dell'incertezza».

Ma va osservato in proposito che Cesare Beccaria viveva nell'epoca d'oro delle codificazioni, nella quale si partiva ancora dal presupposto che l'ordinamento giuridico fosse tendenzialmente completo.

Convincimento, questo, che, come noto, iniziò a flettere già alla fine dell'Ottocento.

Già dall'inizio del Novecento, infatti, si iniziò a mettere a fuoco il fatto che tutti gli ordinamenti giuridici presentavano spazi vuoti che potevano e dovevano essere colmati dal giudice.

A fianco del diritto statuale nacque così il diritto libero, vale a dire il diritto figlio delle sentenze [E. Kantorowicz].

Su queste stesse basi peraltro, se, per un verso, si arrivò a mettere in discussione la certezza del diritto – definita mito da Jerome Frank, illusione da Hans Kelsen –, per l'altro verso, ci si avventurò finanche ad affermare che l'operato del giudice creatore di diritto si appalesasse assolutamente arbitrario: a tal punto arbitrario che, in realtà, non sarebbe stato possibile prevedere nessuna risposta giuridica, atteso che le decisioni giudiziali sarebbero state tutte frutto di considerazioni soggettive da parte dei singoli giudici – proprio per esemplificare questo concetto, Ernst Kantorowicz era solito ricordare come, formulate le decisioni, Bartolo da Sassoferrato si facesse indicare dall'amico Tigrinio i passi del *Corpus Juris* che si adattavano alle stesse «giacché egli aveva poca memoria» –.

Il problema, insomma, si appalesava serio già *illo tempore*.

A tal punto serio che, già a metà del Novecento, si iniziò a pensare che alla deduzione dovesse essere affiancata l'argomentazione, posto che solo l'argomentazione avrebbe potuto offrire al giudice gli strumenti atti a giustificare la decisione: sotto questo profilo, in altre parole, l'argomentazione avrebbe rappresentato il viatico per eliminare in radice il libero arbitrio del giudice, imponendogli di prendere decisioni solo sulla base di vere ragioni [C. Perelman].

Da quanto precede discende, per quel che qui importa, che ragionare di testualismo è cosa che conduce ineluttabilmente a ragionare di prevedibilità delle decisioni giudiziali intesa essa alla stregua di possibilità di «prevedere in modo praticamente soddisfacente le reazioni di chi, giudice [...], è incaricato di amministrare la giustizia» [C. Perelman].

Terzo *step* del ragionamento.

Nell'attualità la giurisprudenza veste sempre più i panni di vero e proprio creatore di diritto anche in ambito penale.

Perché anche in ambito penale negli anni si è fatta strada l'idea che il giudice possa essere a sua volta co-produttore di diritto [G. Fiandaca].

Il fenomeno, a mio parere, è parzialmente giustificabile per due ragioni.

La prima.

Con l'entrata in vigore della Costituzione a mutare radicalmente è stata innanzitutto la prospettiva del giudice: prima di essere fedele alla legge, il giudice oggi deve essere fedele alla Costituzione [L. Paladin].

La seconda.

È indubitabile che l'attività giudiziaria in sé considerata possegga un ontologico carattere valutativo, essendo *ex se* discrezionale.

Il fenomeno però è anche parzialmente ingiustificabile.

Perché – come autorevolmente insegnato da Filippo Sgubbi –, oggi per comprendere se la propria condotta costituisca o meno reato il consociato deve: 1. leggere il testo legislativo della fattispecie punibile; 2. vagliare la giurisprudenza di merito e di legittimità; 3. interrogare la cosiddetta coscienza comune; 4. riflettere sulla stessa alla luce del cosiddetto sentire sociale; 5. tenere presente l'ineliminabile fattore umano del decisore.

Se così stanno le cose però che senso ha parlare ancora oggi di prevedibilità della decisione giudiziale?

Quid, in altre parole, della certezza del diritto?

Perché esattamente questa, a ben guardare, era la certezza del diritto: la possibilità – osservava Francesco Carnelutti – di sapere dove finiva la nostra libertà e dove iniziava quella degli altri affinché – chiosava Flavio Lopez De Onate – fosse possibile prevedere come le nostre azioni si sarebbero inserite nella vita storica della società.

Quarto *step* del ragionamento.

Essendo paralizzata da veti incrociati, la politica oggi abdica a quello che è il suo principale compito istituzionale: assumere decisioni.

Ma questo non significa che il vero potere politico non insista ancora oggi nelle mani di chi può decidere quali comportamenti umani debbano costituire reato e quali no [F. Sgubbi].

Come testé detto però a decidere ciò, nell'attualità, sembrerebbero essere sempre più spesso i giudici.

Ma decidere quali comportamenti umani debbano costituire reato e quali no non significa a tutti gli effetti fare politica?

Ragioniamone anche lato procure della Repubblica.

È vero o non è vero che nell'attualità l'obbligatorietà

dell'esercizio dell'azione penale rappresenta un mero feticcio?

È vero o non è vero, in altre parole, che nell'attualità a decidere quali *notitiae criminis* debbano essere coltivate e quali no sono i pubblici ministeri?

Ma decidere quali *notitiae criminis* debbano essere coltivate e quali no non significa decidere quali comportamenti umani debbano costituire reato e quali no?

E decidere quali comportamenti umani debbano costituire reato e quali no non significa a tutti gli effetti fare politica?

Quinto *step* del ragionamento.

Se quanto precede è corretto, non v'è chi non veda, a mio parere, come il giudice-politico sia un giudice che, così impostata la questione, va ben oltre quello che è stato definito «ontologico carattere valutativo dell'attività giudiziaria» [F. Sgubbi].

È indubitabile che soprattutto oggi la magistratura si trovi spesso costretta a colmare le lacune lasciatesi alle spalle da un legislatore sciatto a botte di sentenze creative.

Ma ciò non toglie che scrivere sentenze creative significhi fare scelte valoriali.

E che fare scelte valoriali, decidendo appunto quali comportamenti umani debbano costituire reato e quali no, significhi fare politica.

Sesto e ultimo *step* del ragionamento.

La conseguenza?

Non deve esservi nessuno spazio, nemmeno a mio parere, per quella che Filippo Sgubbi definiva elegantemente «cultura penalistica di tipo rimediale centrata sui giudici».

Si ritiene – come personalmente ritengo – che il problema derivi dal fatto che la politica è spesso incapace di assumere decisioni?

Si ripensi la politica.

Ma non si consegni ancora una volta il Paese nelle mani della magistratura, auspicando che ancora una volta la stessa supplisca alla politica.

Perché tutte le volte in cui ciò è stato fatto, ciò ha causato gravi disequilibri istituzionali, andando ad alterare significativamente i pesi e i contrappesi tra poteri e ordine statuali.

Con tutto ciò che ne è conseguito ancora recentemente anche dal punto di vista costituzionale.

Basti pensare in proposito a quanto recentemente accaduto nell'ambito del cosiddetto *affaire* Governo-Al Masri.

Il problema, a ben guardare, non è stabilire se la procura della Repubblica di Roma abbia notificato a *Premier*, Ministri e Sottosegretario un'informazione di garanzia *ex* articolo 369 del codice di procedura penale – è quanto è stato affermato dalla Presidenza del Consiglio dei ministri – ovvero abbia proceduto a semplice comunicazione di iscrizione *ex* articolo 6 comma 1 della legge costituzionale 1/1989 – è quanto è stato affermato dall'Associazione nazionale magistrati –.

Il problema è comprendere per quale ragione la politica dovrebbe aver così platealmente travisato quello che, nell'ottica del sindacato delle toghe, avrebbe dovuto rappresentare un semplice atto dovuto.

Cosa dovrebbe aver generato questo ennesimo cortocircuito costituzionale?

La risposta, a mio parere, è semplice: appunto l'ennesimo disequilibrio istituzionale.

Che, andando ad alterare ancora una volta i pesi e i contrappesi tra poteri e ordine statuali, ha prodotto retro-pensieri e per tale via gravi accuse reciproche.

Il giudice-politico è tema affascinante.

Ma ciò non significa che sia anche cosa buona.

Perché, come detto, non lo è.

Non lo è perché incarna *in re ipsa* un'inaccettabile invasione di campo della magistratura in danno della politica.

E non lo è perché è esattamente ciò che fa sì che un ordine – la magistratura – si faccia potere.

E come potere pretenda di agire nel governo della πόλις (pòlis).

Alla magistratura l'amministrazione della giustizia, alla politica il governo della πόλις (pòlis).

Senza mai dimenticare che la libertà, nella filosofia, è la ragione, nell'arte, è l'ispirazione, ma, nella politica, è il diritto [V. Hugo].

6
Immigrazione

C'è una parola nel lessico politico tradizionalmente usata per indicare l'astratta prassi politica che tende a rappresentare i valori e più in generale i sentimenti di un popolo.

Questa parola è populismo.

Nel passare dalla grammatica politica a quella processuale però questa stessa parola va a parametrare altro.

Ovvero – e come ci ha insegnato Giovanni Fiandaca ragionando di populismo penale puro – il diritto penale finalizzato a perseguire obiettivi politici.

Da questo punto di vista credo sinceramente che la sciatta politica legislativa penale che ha caratterizzato per anni l'azione di *Premier* e Ministri italiani abbia innegabilmente avuto un merito importante: quello di avere infine condotto il Paese a ragionare di populismo penale puro anche nell'ambito del dibattito inerente alla giustizia.

La qual cosa ha certamente consentito di mettere definitivamente a fuoco il fatto che il populismo penale puro produce esclusivamente irrazionalità.

Un esempio.

Uno solo.

Ma icastico.

Correva l'anno 2019.

E l'allora Ministro della giustizia Alfonso Bonafede si vantava di essere in predicato di cancellare dall'ordinamento giuridico italiano l'istituto della prescrizione.

Vale a dire un istituto che esisteva già nell'antica Grecia – basti considerare in proposito come Demostene stesso ne tessesse le lodi sotto il profilo razionale arrivando a considerare la prescrizione alla stregua del principale rimedio contro l'azione dei sicofanti –, ma che, nella sua ottica, sarebbe stato esclusivamente finalizzato a proteggere i furbetti-imputati e a favorire gli azzeccagarbugli-avvocati.

Nessun *lapsus*.

L'unica verità era che questo progetto era pensato esattamente per far saltare in aria l'edificio costituzionale del processo penale prendendo d'assalto per via diretta tanto la presunzione di non colpevolezza quanto la ragionevole durata del processo.

Tutto questo senza minimamente celare peraltro l'anima giansenista posta a base dello stesso.

Perché è evidente che affermare che il corso della prescrizione era destinato a rimanere sospeso fino all'irrevocabilità anche della sentenza di assoluzione equivaleva ad affermare in sostanza che l'imputato assolto non fosse da considerare alla stregua di un innocente, ma dovesse essere considerato alla stregua di un colpevole che semplicemente l'aveva fatta franca.

Eppure lo scellerato emendamento Bonafede divenne legge.

Non importa considerare in merito a quanto accadde dopo.

Ciò che importa è mettere a fuoco il fatto che si è sempre ragionato esattamente così – all'insegna cioè del più classico populismo penale puro – anche nella materia dell'immigrazione.

Facendo un uso squisitamente politico del diritto penale – diritto, questo, che non dovrebbe mai essere usato per garantire il controllo sociale nemmeno quando a venire in rilievo sia un *affaire* che, come quello dell'immigrazione, è certamente spinoso –.

L'immigrazione è una realtà.

Con la quale l'Europa deve fare i conti in chiave umanitaria e dunque politica.

Apro e chiudo una parentesi.

L'attualità sembrerebbe aver imposto alla nostra società una politica immatura che vive di mode.

Sotto questo profilo, nel giro di pochi anni, si è passati da una politica innamorata dell'Europa e prima ancora di una costruzione, quella europea, certamente affetta da gravi vizi strutturali ad una politica che tende a strizzare l'occhiolino ad assetti nazionalistici, non facendo mistero della propria passione per muri e confini.

Nessuno dubita che nell'attualità non ci siano più le condizioni politiche per declamare i versi che Israel Zangwill dedicava agli Stati Uniti d'America nel suo *The Melting Pot* – «Est e Ovest, e Nord e Sud, la palma e il pino, il polo e l'equatore, la mezzaluna e la croce... qui si uniranno tutti per costruire la Repubblica dell'Uomo e il Regno di Dio» –.

Ma questo non significa che non ci siano nemmeno più quelle per continuare a far finta di non capire che l'immigrazione è una realtà con la quale, piaccia o meno, la politica deve iniziare a fare seriamente i conti.

Possibilmente senza isterismi partigiani.

E soprattutto in modo strutturato e strutturale.

E invece ancora oggi la politica sembrerebbe continuare ad oscillare inutilmente tra due poli opposti: da un lato, vi sono coloro che predicano l'accoglienza incondizionata, arrivando finanche a ragionare in termini di vero e proprio diritto al viaggio – non entro nel merito della questione perché non è questa la sede –.

Dall'altro lato, vi sono coloro che predicano la tolleranza zero – *recte*: l'accoglienza zero –.

Dal punto di vista giuridico però il problema consiste nel fatto che i secondi ciò fanno attraverso un uso squisitamente politico del diritto penale.

Diciamolo chiaramente: chi predica la tolleranza zero – *recte*: l'accoglienza zero – ciò fa abusando del cosiddetto diritto penale del nemico.

È questo, come noto, un diritto penale caro al cosiddetto legislatore della paura, che piega *ratio* e logiche proprie del diritto penale a fini specificamente politici, conducendo a criminalizzare ciò che già ontologicamente non dovrebbe essere criminalizzato [M. Donini].

È inaccettabile.

Perché tutto ciò disintegra la dignità delle persone.

Annichilendone i diritti civili.

Apro e chiudo un'altra parentesi.

Quando si ragiona di immigrazione v'è sempre chi si

chiede se questo specifico *dossier* debba essere un affare anche degli avvocati penalisti.

La risposta, a mio parere, è sì.

Perché difendere i diritti civili è sempre un affare degli avvocati penalisti.

E perché gli avvocati penalisti esistono anche e soprattutto per difendere i diritti dei più deboli.

Ciò chiarito, la vera domanda qui giunti è: siamo sicuri del fatto che la politica sia ancora in grado di incanalare gli umori popolari verso lidi improntati a corrette scelte valoriali?

Diciamolo più chiaramente: esistono ancora i cosiddetti corpi intermedi?

E, se esistono, sono ancora in grado di selezionare correttamente le istanze sociali?

Il dubbio francamente è legittimo.

Perché l'attualità ci costringe sempre più spesso a tollerare una politica legislativa penale che non ha remore a predicare una sempre più crescente carcerizzazione, a giocare irresponsabilmente sugli effetti distorsivi propri del cosiddetto processo mass-mediatico, ecc.

Gli esempi per la verità potrebbero essere tanti.

Ma varrebbero tutti a dimostrare semplicemente che l'attualità ci costringe sempre più spesso a fare i conti con una politica legislativa penale che, per propri piccoli interessi di bottega, non sembra davvero avere remore a spingere sull'acceleratore di consimili evidenti storture di sistema.

Se quanto precede è corretto però allora la vera domanda diventa: da dove nasce questo imperante populismo penale puro?

Da dove trae origine, in altre parole, questa ubriacatura punitiva collettiva [N. Mazzacuva]?

È importante iniziare a rispondere correttamente a questa domanda.

Perché anche l'Italia a tratti è arrivata a sembrare un vero e proprio stato etico, posto che solo nell'ambito dello stato etico si può arrivare ad intravedere nel processo penale quello strumento di controllo sociale che certamente vi intravede chi predica la tolleranza zero – *recte*: l'accoglienza zero – abusando del cosiddetto diritto penale del nemico.

Senza considerare che anche in questo caso a venire in rilievo è la dignità delle persone.

Esemplifico quest'ultimo concetto ritornando a ragionare di cancellazione dell'istituto della prescrizione dall'ordinamento giuridico italiano: come può un Paese che desideri essere considerato giuridicamente civile non capire che la durata media di un processo penale, per essere ragionevole, non può che essere calibrata sulla durata media della vita di un cittadino adulto?

Come può un Paese che desideri essere considerato giuridicamente civile non capire che tramutare un imputato in un prigioniero processuale di Stato significa privare una persona vera della libertà di programmare la propria vita personale, familiare e professionale per anni e anni?

Come può un Paese che desideri essere considerato

giuridicamente civile, insomma, continuare a non capire che fare ciò equivale a disintegrare la dignità di migliaia di persone vere?

Come altri temi propri della giustizia penale, d'altro canto, anche quello dell'immigrazione è tema che affonda le proprie radici in problemi che sono *in primis* di matrice culturale.

Vero ciò, anche nel caso dell'immigrazione il nostro compito di avvocati penalisti deve essere quello di rimettere prestamente al centro della scena del dibattito culturale di questo Paese la dignità delle persone.

Perché la dignità delle persone, come detto, è la prima cosa che il populismo penale puro calpesta.

E perché comunque la dignità delle persone rappresenta il baricentro del nostro mondo.

Proprio su questo sfondo – *i.e.* proprio nel ragionare di immigrazione e diritto penale – peraltro, ferma restando la necessità politica di pretendere che l'Europa si occupi a sua volta del *dossier* immigrazione senza scaricare il barile su Paesi che, essendo circondati dal mare, incarnano per definizione le classiche teste di ponte, non ci si può esimere dal ricordare che esistono diritti fondamentali anche in materia immigratoria – il riferimento è qui più precisamente al diritto alla salute, al diritto all'assistenza sociale, al diritto all'abitazione, al diritto all'istruzione e più in generale a tutti i diritti politici che, in quanto tali, certamente spettano anche agli stranieri –.

E che, essendo costruita a partire dalla solidarietà e dall'uguaglianza, la nostra Costituzione tutela tutta una serie di diritti inviolabili, con ciò parificando tra loro cittadini e stranieri siccome considerati alla stregua di persone.

Questo non significa ovviamente che sullo sfondo del *Quadretto Immigrazione* non alligni altresì il tema della sicurezza – che, nonostante l'infondatezza dell'automatico parallelismo immigrazione = criminalità, certamente alligna –.

Significa semplicemente che anche nel confrontarsi con la classica dicotomia diritto alla sicurezza *v.* sicurezza dei diritti si dovrebbero per quanto possibile evitare i paradossi che spesso contrassegnano «la costruzione sociale dell'immigrazione come componente della sicurezza»: come è stato correttamente osservato, infatti, tale costruzione dipende precipuamente dalle azioni che vengono poste in essere dall'alto [F. Battistelli], con la conseguenza che spetta *in primis* alla politica 'mecciare' tra loro diritto alla sicurezza e diritti inviolabili di cittadini e stranieri.

Nella consapevolezza che anche quando si ragiona di immigrazione e diritto penale ci si trova pur sempre a fronteggiare un universo estremamente complesso, i confini del quale oscillano tra pratiche di discriminazione, di tortura e di riduzione in schiavitù e veri e propri «atti di ospitalità, di amore [...] e di cura» [L. Barbari].

Anche per queste ragioni però è davvero necessario ripensare a trecentosessanta gradi il sotto-sistema che qui ci occupa, lavorando pancia a terra per ripulire lo stesso dalle scorie di questo violento populismo penale puro.

In quest'ottica – ne sono profondamente convinto –, è nostro dovere di cittadini e prima ancora di avvocati penalisti ricordare sempre che quando in gioco ci sono i diritti inviolabili di alcune persone, per questo solo, ad essere minacciati sono i diritti di libertà di tutti noi.

Non possiamo non avere chiaro ciò.

Ma soprattutto non possiamo dimenticare che, come insegna l'anonimo, ogni anima è un universo di dignità infinita.

7
Mass-mediaticità

Il processo penale è tante cose.

Alcune comprensibili.

Altre incomprensibili anche per i giuristi.

Altre ancora francamente inaccettabili.

Soprattutto quando si consideri che la giustizia dovrebbe essere amministrata in nome del popolo italiano e che gli amministratori della stessa, per questo solo, dovrebbero poter essere chiamati a rispondere delle proprie omissioni *in primis* in caso di errori.

Certamente non è perfetto.

E certamente non è nel processo penale figlio della giustizia dell'uomo che si annida la vera giustizia se, per lo meno, con l'espressione vera giustizia si intende evocare la dea che, bendata, impugna la spada e regge la bilancia nell'iconografica immagine dell'imparzialità, dell'uguaglianza e della capacità di essere sempre terzi e sempre equidistanti.

Il processo penale è tante cose.

Ma, come noto, è innanzitutto un esperimento conoscitivo.

Perché nel processo penale ci sono fatti del passato da ricostruire.

La qual cosa implica testimoni da interrogare.

E menzogne da scoprire.

E documenti da compulsare.

E tabulati da vagliare.

E intercettazioni telefoniche e/o ambientali da ascoltare.

E tracce da rilevare e da sistematizzare.

E comunque accadimenti, spesso tristi, talvolta crudeli, certamente sempre umani, da fotografare.

E da fare oggetto di approfondite riflessioni.

E di penetranti riscontri incrociati.

E di confronti serrati tra polizia giudiziaria e pubblico ministero.

E sulla base di queste complesse operazioni probatorie e logiche, all'esito delle indagini preliminari, prima e del dibattimento poi, c'è un giudizio da emettere.

E da impacchettare in una sentenza.

Che sarà appunto pubblicata in nome del popolo italiano da parte di un giudice chiamato a fare ciò sulla base della ricostruzione processuale di *lost facts*.

E dunque, in ultima analisi, sulla base di tutta una serie di operazioni gnoseologiche.

Ma l'epoca moderna – questo è il punto – conosce plurime gnoseologie.

Perché esistono una conoscenza profana – o extraprocessuale, chiamata a marcare la percezione che della vicenda processuale abbia la collettività –, una conoscenza giudiziaria – o processuale, chiamata a marcare gli snodi attraverso i quali il giudice ricostruisce la vicenda processuale – e una conoscenza mediatica.

Che spesso aggrava lo scollamento esistente tra conoscenza profana e conoscenza giudiziaria, estrapolando dalla realtà giudiziaria plurime simil-realtà profane.

Perché?

Perché è un fatto che nel passare dalla conoscenza giudiziaria alla conoscenza profana spesso la realtà venga deformata.

È normale che i cittadini – qui intesi alla stregua di non-giuristi – possano travisare i dati tecnico-giuridici che irrorano i vasi sanguigni del processo penale.

Perché il processo penale è un'esperienza costruita a partire appunto da complesse operazioni probatorie e logiche che i non-giuristi ben potrebbero non comprendere pienamente.

È assolutamente normale.

Chi non è medico ben potrebbe non comprendere pienamente gli arcani delle scienze mediche.

Chi non è commercialista ben potrebbe non comprendere pienamente gli arcani delle scienze aziendalistiche.

Parimenti, chi non è giurista ben potrà non comprendere pienamente gli arcani del processo penale.

Ma ciò non toglie che quegli arcani probatori e logici esistano.

Con la conseguenza che, se davvero vogliamo iniziare a ragionare seriamente di mass-mediaticità del processo penale, dobbiamo innanzitutto iniziare ad accettare l'idea che la nostra conoscenza sia sovente istintuale.

Lo attestano le scienze cognitive.

Tutti noi tendiamo a validare come credibile una ricostruzione sulla base della cosiddetta euristica della disponibilità in memoria – vale a dire ricercando nella nostra memoria il ricordo di eventi simili a quelli ricostruiti – ovvero della cosiddetta euristica della rappresentatività – vale a dire ricercando nella nostra memoria il ricordo di eventi simili a quelli che possono essere ricompresi in una stessa categoria di eventi – [G. Sartori].

Ma questo meccanismo naturale, come noto, genera frequentemente errori.

Perché esiste il fenomeno della cosiddetta correlazione illusoria.

In base al quale tutti noi tendiamo a notare associazioni in accordo con le credenze già formatesi senza però essere (più) capaci di notare associazioni in contrasto con le stesse.

Se a ciò si aggiunge che tutti noi tendiamo a notare ciò che c'è – gli elementi positivi –, non notando per converso ciò che non c'è – gli elementi negativi –, appare immediatamente chiara la ragione per la quale la mass-mediaticità del processo penale contrassegna una patologia in grado di generare gravi danni.

Il processo penale, visto dall'angolo visuale dell'opinione pubblica, è certamente intrigante.

Come osservato da Paolo Tonini, infatti, «è avvincente come una saga familiare, è liberatorio come un romanzo poliziesco, è edificante come un romanzo di formazione, è coinvolgente come una tribuna politica o sportiva».

Ma ciò non toglie che il processo penale sia cosa seria posto che cosa seria è – o dovrebbe essere – la giustizia penale.

Il punto però è che, mentre il processo penale è pensato per ricostruire *lost facts* sulla base di precise regole procedurali poste a presidio delle libertà costituzionali, le ricostruzioni mass-mediatiche sono libere perché non devono rispettare nessuna regola procedurale.

E, non dovendo rispettare nessuna regola procedurale, sovente deformano la realtà perché tendono a consegnare all'opinione pubblica un mostro ben prima che a carico di quell'imputato si apra il dibattimento.

Con la conseguenza, drammatica, che, anche laddove quel dibattimento si dovesse concludere con una sentenza di assoluzione, quello che nella mente dell'opinione pubblica mostro era mostro rimarrà.

A ciò si aggiunga che raramente nell'ambito del processo penale mass-mediatico ad essere protagonista è la difesa.

Nessuno può seriamente revocare in dubbio che la quasi totalità delle notizie di cronaca nera riflesse da giornali, radio e televisioni promani dal cosiddetto circuito inquirente – vale a dire dalla polizia giudiziaria e/o dal pubblico ministero –.

Difficilmente in sostanza si leggeranno/ascolteranno notizie di cronaca nera che, promanando dalla difesa, vadano a marcare elementi favorevoli all'imputato.

Accadrà certamente più spesso il contrario, ovvero che, venendo tali notizie circolarizzate dall'accusa, ad essere valorizzate soprattutto durante le indagini preliminari saranno esclusivamente le evidenze investigative.

Ma il dibattimento vive della regola, aurea, del contraddittorio.

Nel dibattimento c'è un giudice, c'è un pubblico ministero e c'è un difensore dell'imputato.

Il giudice ascolta la tesi del pubblico ministero e l'antitesi del difensore dell'imputato.

Si ritira in camera di consiglio.

E solo su queste basi – solo dopo aver sentito entrambe le campane cioè – decide sulla colpevolezza/non colpevolezza dell'imputato.

Ma la campana della difesa soprattutto durante le indagini preliminari – ripeto –, a livello mass-mediatico, di fatto non suona pressoché mai.

Se quanto precede è corretto, non v'è allora chi non veda come davvero non si possa continuare a nascondere il fatto che ogni anno in Italia vengano avallate dalla competente magistratura più di mille richieste di riparazione per ingiusta detenzione.

L'opinione pubblica lo ignora.

Ma, se estendessimo questo perimetro e ragionassimo a ritroso nel tempo, ci avvedremmo del fatto che, nel periodo 1992-2017, le richieste di riparazione per ingiusta detenzione avallate dalla competente magistratura sono state ben 26.550, con conseguenti oneri a carico dell'erario statale in misura pari a ben 768.000.000 di euro.

Ciò significa che, nell'arco di soli venticinque anni, in questo Paese, ben 26.550 persone vere si sono viste imputate in un procedimento penale, ristrette in custodia carceraria e poi assolte dalle imputazioni loro ascritte.

Diciamolo più chiaramente: ciò significa che, nell'arco di soli venticinque anni, in questo Paese sono andate in mille pezzi ben 26.550 vite vere.

Sono numeri drammatici questi.

Che davvero ci impongono di denunciare con forza il fatto che il processo penale mass-mediatico è cosa che disintegra la dignità delle persone.

Nonché di ribadire con altrettanta forza che il problema è di matrice culturale: finché la nostra società non capirà davvero che le manette sono una sensazione terribile, che non si cancella più [M. Rossetti], infatti, nessuna novella normativa potrà mai scalfire numeri – quelli impacchettati nelle citate statistiche ministeriali – che sembrerebbero esistere esclusivamente per marcare l'evidente fallimento della nostra pretesa civiltà (non solo) giuridica.

È stato detto – e ne convengo – che il tempo che passa rappresenta una lente chiamata a rendere più nitida la visione della realtà [A. Oz].

Dovremmo iniziare ad imparare dagli errori.

In primis per scongiurare il rischio che il legno storto dell'umanità possa davvero non produrre nulla di diritto [A. Oz].

Di poi per ricordare che l'uomo cammina diritto se sa dove andare [San Francesco].

Ma sapere dove andare, quando in gioco ci sono i nostri diritti di libertà, è cosa che dovrebbe essere chiara a tutti.

Perché quando gli stessi vengono così violentemente aggrediti nessuno dovrebbe potersi giustificare con se stesso.

Di fronte a numeri così drammatici, in altre parole, nessuno dovrebbe sentirsi autorizzato a ritirarsi a vivere in quella che Isahia Berlin avrebbe definito la «nostra cittadella interiore».

È nostro dovere dire no alla mass-mediaticità del processo penale.

Perché anche sotto questo profilo il nostro compito è quello di ripensare il concetto di libertà.

Riprogettando per tale via quello di dignità delle persone.

Se corrisponde a verità, infatti, che il processo penale mass-mediatico condanna persone vere all'oblio che deriva loro dal ricordo, perpetuo, delle sofferenze morali e fisiche ingiustamente patite, allora la mass-mediaticità del processo penale non può più essere un problema per soli giuristi.

Perché chiunque di noi si potrebbe trovare a perdere la libertà nell'ambito di un processo penale.

Venendo, per questo solo, mostrificato in prima pagina ben prima di aver potuto svolgere le proprie difese nel dibattimento.

Se quanto precede è corretto, allora davvero nessuno di noi, così stando le cose, può continuare a camminare sulla strada tracciata da questo contemporaneo scetticismo egocentrico tanto liquido quanto alieno nei confronti di un vero impegno sociale anche in questa direzione.

Non solo perché essere garantisti non può più essere un *optional*, ma deve iniziare ad essere un dovere.

Ma anche perché, posti di fronte a numeri così drammatici, continuare a vivere senza difendere con forza le nostre idee di libertà non significherebbe vivere, ma sopravvivere.

8
Prescrizione

La storia del processo penale, soprattutto quella che potremmo definire breve, è anche la storia di patologiche aggressioni alla civiltà giuridica di questo Paese con conseguenti, importanti, regressioni sul piano *in primis* filosofico.

Una su tutte.

Correva l'anno 2019.

E l'allora Ministro della giustizia Alfonso Bonafede si vantava di essere in predicato di cancellare dall'ordinamento giuridico italiano l'istituto della prescrizione.

Perché?

Semplicemente perché, nell'ottica dello stesso, doveva finire quella che l'allora Guardasigilli non aveva avuto remore a definire l'era di furbetti e azzeccagarbugli.

Taluni dissero – lo ricordo bene – che, pronunciando quelle parole, l'allora Ministro della giustizia Alfonso Bonafede non aveva inteso offendere né gli imputati né gli avvocati perché si era trattato di mero *lapsus.*

Ma a parte il fatto che nell'ambito del dibattito politico le parole hanno un loro preciso significato – e prima ancora un loro specifico peso –, il punto è che, nel caso di specie, non si registrò nessun *lapsus.*

Perché nel pronunciare quelle parole l'allora Guardasigilli altro non fece se non confessare apertamente quella che era la vera filosofia di fondo propria del cosiddetto emendamento Bonafede.

Apro una parentesi.

Cosa significa legiferare?

Legiferare significa emanare leggi.

Ma cosa significa legge?

Nella propria *Summa Theologica*, San Tommaso d'Aquino insegna(va) che la legge è *rationis ordinatio ad bonum commune*, ovvero un ordinamento di ragione volto al bene comune.

Aggiungendo che la stessa è promulgata da coloro che hanno a cuore la cura della comunità.

Se quanto precede è corretto, possiamo allora dire che legiferare non sia mera tecnica, ma sia vera e propria arte: se davvero legge significa ordinamento razionale pensato per garantire il bene comune, infatti, non sembra revocabile in dubbio che tale bene non possa essere raggiunto attraverso la semplice applicazione meccanica di protocolli oggettivi.

Il bene comune – quello che potremmo definire ordine sociale giusto – è concetto più complesso perché è concetto che impone a chi è chiamato a legiferare vuoi di ideare interiormente l'ordine che intende stabilire in vista del raggiungimento del bene comune vuoi di comunicare tale ordine alla società.

Così impostata la questione, possiamo allora dire che l'arte di legiferare spetti esclusivamente alla politica intesa essa alla stregua di governo della πόλις (pòlis), ovvero di governo della società.

Ciò chiarito, preme, per quel che qui importa, osservare altresì quanto segue.

La prescrizione era istituto razionale proteso a garantire *in primis* la certezza del diritto.

Che la *ratio* della prescrizione fosse esattamente questa – vale a dire quella di scongiurare il rischio che il cittadino potesse essere prigioniero del proprio accusatore *sine die* – d'altro canto era cosa chiara già nell'Atene classica, nell'antica Roma, in epoca intermedia, presso i Longobardi, presso i Franchi, nonché nell'ambito della legislazione statutaria.

Era cosa chiara agli illuministi – che non dubitarono mai della razionalità propria della prescrizione quale istituto prodromico a «togliere [...] l'incertezza della sorte d'un cittadino», limitandosi a predicarne la non estensione ai cosiddetti delitti «atroci», vale a dire a quei delitti «dei quali lunga resta la memoria negli uomini» –.

Era cosa chiara nell'ambito degli ordinamenti giuridici che hanno gemmato il moderno diritto penale» – penso al codice di Pietro Leopoldo di Toscana del 1786, alle leggi napoletane del 1808, al codice penale per lo Regno delle due Sicilie del 1819, al Regolamento penale gregoriano del 1832, al codice penale toscano del 1853, al codice penale criminale estense del 1855, nonché al Codice penale sardo-piemontese del 1859 –.

Era cosa chiara nell'ambito del codice penale Zanardelli del 1889 – che pure la disciplinava alla stregua di una causa di estinzione dell'azione penale –.

Ed era cosa chiara nell'ambito del vigente codice penale Rocco del 1930, rappresentando la prescrizione –

sono parole di Vincenzo Manzini – il riconoscimento di un fatto giuridico alla luce di un fatto naturale.

Quale fatto naturale?

Il mero trascorrere del tempo: «[l]'effetto d'affievolimento o d'oblio cagionato dall'elasso del tempo è un fenomeno così evidente nel campo della vita individuale e sociale che non p[uò] non imporsi anche all'ordinamento giuridico penale».

Perché?

Perché «[l]'implacabile volontà di punire, se può concepirsi come un fatto di psicologia individuale inferiore, non è immaginabile quale fatto di psicologia collettiva rispetto ad azioni individuali, come i reati, presso popoli civili e quando il tempo [abbia] alterato le condizioni in cui normalmente viene esercitato il potere punitivo pubblico».

Eppure a venire qui in rilievo era un emendamento, il cosiddetto emendamento Bonafede, pensato appunto per cancellare dall'ordinamento giuridico italiano l'istituto della prescrizione.

In ossequio a cosa?

In ossequio a quella che era la vera filosofia di fondo di tale emendamento.

Che, come noto, affondava le proprie radici in un'inaccettabile visione giansenista della società tradizionalmente cara ad un noto *magistar* del *pool* di Mani pulite – che in quegli anni aveva appena dismesso i panni di presidente dell'Associazione nazionale magistrati – e che andava a marcare quella che, così impostata la questione, diventava una vera e propria presunzione di colpevolezza.

Se nessuno nella storia aveva mai revocato in dubbio che con il trascorrere del tempo le ragioni giustificatrici della pena fossero destinate ad affievolirsi e a spegnersi [P. Pisa], insomma, il cosiddetto emendamento Bonafede l'aveva fatto.

E l'aveva fatto affermando espressamente che il corso della prescrizione fosse sospeso fino all'irrevocabilità anche della sentenza di assoluzione.

La qual cosa, a ben guardare, equivaleva ad affermare in sostanza che l'imputato assolto non fosse da considerare alla stregua di un innocente, ma fosse da considerare alla stregua di un colpevole che semplicemente l'aveva fatta franca.

Preso atto di quanto sopra, la giunta dell'Unione delle camere penali italiane proclamò l'astensione collettiva dalle udienze, correttamente sottolineando che v'era la necessità di muovere in difesa della Costituzione.

Sono sempre stato dell'idea che tali patologiche aggressioni alla civiltà giuridica debbano essere combattute sulla base di considerazioni di carattere generale, non sulla base di considerazioni di carattere speciale.

Perché, quando il legislatore si permette di manomettere così evidentemente il concetto di giusto processo, è proprio sulla base di considerazioni costruite a partire dal concetto di giusto processo stesso che gli si deve opporre resistenza.

Nell'occasione, in sede di propria delibera, i penalisti

italiani affermarono espressamente che pesanti nubi si addensavano intorno al sistema penale del nostro Paese.

Così era.

Perché davvero, così impostata la questione, in gioco v'erano ancora una volta i nostri diritti di libertà.

Basti considerare in proposito che nello stesso periodo storico si era registrata la proposta di introdurre nell'ordinamento giuridico italiano la figura del cosiddetto agente provocatore in funzione anticorruzione – nell'occasione, fu Raffaele Cantone a stigmatizzare tale proposta, sottolineando come pensare di introdurre nell'ordinamento giuridico italiano la figura dell'agente provocatore non significasse scoprire reati, bensì inscenare *test* etici sulla capacità di resistere del presunto corrotto –.

Basti considerare in proposito che nello stesso periodo storico si era registrata la proposta di inasprimento delle pene previste in materia di corruzione e di delitti contro la pubblica amministrazione – in questo specifico campo ci si spinse finanche a prevedere pene accessorie perpetue in grado di sopravvivere addirittura alla riabilitazione –.

E basti considerare in proposito che nello stesso periodo storico si era registrata la proposta in materia di legittima difesa – ciò che si puntava a fare in questo caso era limitare gli spazi di doverosa valutazione da parte del giudice della sussistenza del presupposto della proporzione tra offesa e difesa –.

Ma cosa apparentava tra loro proposte così apparentemente stravaganti?

A far sì che le stesse andassero a braccetto tra loro, a ben guardare, era quello che Giovanni Fiandaca avrebbe argutamente definito populismo penale puro – il riferimento, come noto, è qui all'idea che possa esistere un diritto penale finalizzato a perseguire obiettivi politici –.

Concludo.

Sono dell'idea che, per contrastare tali patologiche aggressioni alla civiltà giuridica di un Paese anche nell'ottica di riportare il processo penale ad essere ciò che dovrebbe essere – vale a dire uno strumento pensato per accertare la commissione di reati e per punirne gli autori – bisognerebbe che l'avvocatura e la magistratura imparassero a dialogare tra loro dal punto di vista *in primis* culturale.

Non solo perché – come ricordava Piero Calamandrei – il segreto della giustizia sta in una sempre maggiore vicinanza umana tra avvocati e giudici nella lotta contro il dolore.

Ma anche perché avvocati, pubblici ministeri e giudici devono arrivare a riconoscere reciprocamente la dignità delle rispettive culture – il riferimento è qui più precisamente alla cultura della difesa per quanto riguarda gli avvocati, a quella dell'osservanza della legge per quanto riguarda i pubblici ministeri, nonché a quella della giurisdizione per quanto riguarda i giudici –.

Volendo vedere il bicchiere mezzo pieno però potremmo dire che è proprio quando la battigia della civiltà giuridica viene così prepotentemente battuta dalle onde del populismo penale puro che l'occasione per ripensare il processo penale si fa davvero ghiotta.

Ma il punto è che per ripensare seriamente il processo penale dovremmo tutti – avvocati, pubblici ministeri e giudici – iniziare a chiederci qual è il processo penale che vogliamo.

Dovremmo tutti iniziare a chiederci, in altre parole, quale dovrebbe essere la filosofia di fondo che vogliamo porre a base del processo penale che vogliamo.

Perché quando il modello processuale penale arriva a toccare consimili vette giustizialiste bisogna avere l'onestà intellettuale di ammettere che lo Stato è infine arrivato a farsi etico.

Solo uno Stato etico, infatti, può arrivare ad intravedere nel diritto penale quella funzione salvifica che, proprio sulla base del denunciato populismo penale puro, gli è stata assegnata in questi ultimi anni.

Così come solo uno Stato etico può arrivare ad intravedere nel processo penale una vera e propria macchina moralizzatrice.

A conti fatti, è necessario capire perché in questo Paese sia diventato così difficile anche solo sussurrare la parola garantismo.

Soprattutto se si considera che la parola garantismo vuole tradizionalmente indicare quella concezione che attribuisce rilievo primario a diritti e libertà individuali nei confronti dell'autorità dello Stato [G. Vassalli].

Com'è possibile che, nonostante ciò, la parola garantismo sia diventata una parolaccia?

Si continuano ad aggredire le garanzie che, sole, possono fare del processo penale un processo penale civile.

Si continua a sminuire l'importanza del rispetto delle regole sostanziali e processuali.

Dimenticando che le stesse sono state scritte a protezione di chi, l'imputato, nel processo penale rappresenta la parte ontologicamente debole.

Ma davvero non ci si rende più conto che nell'ambito dello stato di diritto, quando si ragiona di processo penale, *veritas, non auctoritas facit legem* [L. Ferrajoli].

E questo sinceramente è inaccettabile.

9

Privacy

Il principale problema dell'epoca elettronica inerisce alla *privacy* [A.S. Grove].

Perché, se davvero è esistito un tempo nel quale il giardino segreto che ciascuno di noi desidera proteggere non era minacciato [G. Lyon-Caen], oggi la nostra *privacy* è certamente sotto attacco a trecentosessanta gradi e dunque anche nell'ambito del processo penale.

Ma cosa si intende per *privacy* quando si ragiona di processo penale?

Come insegna un antico adagio cinese, non sempre forma e sostanza sono come la rugiada sull'erba.

Talvolta, infatti, accade che, premesse univoche figure formali a monte, ne conseguano a valle poliedriche entità sostanziali, somiglianti, ma non equivalenti, tra loro.

Così è, a ben guardare, anche per quanto riguarda la *privacy*, se corrisponde a verità che già la meccanica traduzione in italiano della parola inglese sembrerebbe restituire entità sostanziali, appunto somiglianti, ma non equivalenti, tra loro, quali privatezza, riservatezza e vita privata.

La questione, come è stato sagacemente osservato, non è musicale – era Francesco Carnelutti a sottolineare che i giuristi non sono abituati a prescindere dai valori musicali –, ma sostanziale, trattandosi di comprendere quale specifico termine italiano debba essere usato per indicare la soglia sulla quale si deve arrestare la macchina intrusiva statuale [M. Bonetti].

Da questo punto di vista, probabilmente la parola più corretta da usare resta quella inglese *privacy*.

Per quanto corrisponda a verità, infatti, che le espressioni privatezza, riservatezza e vita privata in sé considerate possano abbracciare beni eterogenei, non sembra revocabile in dubbio che le stesse parametrino pur sempre un insieme di fatti in contesto in cui però il diritto non protegge fatti, ma valori [F. Mantovani].

Privacy per converso resta parola ampia che, se per un verso, cesella perfettamente quello che è stato elegantemente definito «*a power that often is essential to mantaining social relationship and personal freedom*» [A.R. Miller], per l'altro verso, sembra richiamare direttamente alla mente quella sfera della nostra vita che appartiene solo a noi [A. Cerri] e nella quale ben si rispecchia il *right to be alone* caro alla dottrina americana [S. Warren-L. Brandeis].

A prescindere da quanto precede, in ogni caso, ciò che deve essere chiaro è che a venire qui in rilievo non è un unico diritto, ma una vera e propria costellazione di diritti [F. Modugno] la riduzione ad unità della quale transita attraverso un'ideale matrice di rifiuto di intrusioni non consentite nella sfera personale [A. Cerri].

Ciò premesso, una prima considerazione di carattere generale appare d'obbligo: la procedura penale esiste anche per garantire che – così recita un antico adagio inglese – nella casa dell'uomo possano entrare il vento e la pioggia, ma non il re d'Inghilterra.

Le libertà che tale adagio parametra nel premettere

icasticamente che la casa dell'uomo è il suo castello – *i.e.* libertà personale, libertà di domicilio, libertà della corrispondenza, ecc. – sono libertà fondamentali passate in rassegna in quanto tali anche dalla nostra Costituzione.

Il punto però è che chi non frequenta professionalmente il sotto-bosco del processo penale potrebbe essere portato a pensare che ciò che è accaduto nell'ambito di noti processi penali – penso, per esempio, a quanto accaduto nell'ambito del cosiddetto processo di Avetrana così come recentemente ricostruito nella popolare serie televisiva dedicata allo stesso – possa accadere esclusivamente ai *VIPs* della giustizia.

E che se dunque non si è Annamaria Franzoni piuttosto che Amanda Knox piuttosto che Massimo Bossetti piuttosto che, appunto, Cosima Serrano e/o Sabrina Misseri *privacy* e processo penale ben possano andare d'amore e d'accordo.

Purtroppo però non è così.

Perché, come perfettamente sa chi invece frequenta professionalmente il sotto-bosco del processo penale, *privacy* e processo penale sono spesso concetti antitetici tra loro.

Investigare, infatti, significa sovente pescare a strascico nelle vite delle persone.

Spesso accade, per esempio, che gli inquirenti decidano di ascoltare le conversazioni private dell'indagato e che per fare questo iniettino nello *smartphone* dello stesso un *virus trojan* – vale a dire un *malware* mascherato da *software* legittimo –, così captando *real time* tutte le conversazioni ambientali che lo vedranno protagonista.

In questi casi, se pure corrisponde a verità che nell'orientare le indagini preliminari e nell'esercitare l'azione penale gli inquirenti useranno solo le conversazioni penalmente rilevanti, nessuno può revocare in dubbio che tutte le altre conversazioni siano comunque destinate ad entrare a far parte del fascicolo del pubblico ministero, venendo ascoltate/lette da tanti soggetti professionalmente impegnati nella gestione del singolo affare penale – il riferimento è qui a polizia giudiziaria, segretari del pubblico ministero, assistenti del pubblico ministero, pubblico ministero, personale ausiliario (fonici trascrittori), difensore, collaboratori di studio del difensore, ecc. –.

Con quali conseguenze sul piano umano non è dato sapere.

Non solo perché, come perfettamente sa chi ama leggere i giornali/ascoltare le radio e/o le televisioni, in questo Paese la fuga di notizie è sempre dietro l'angolo.

Ma anche perché, come noto, per distruggere una vita possono bastare anche notizie che, pur non essendo penalmente rilevanti, si appalesino comunque dannose sotto altri profili.

Ma ragionare di *privacy* e processo penale, a ben guardare, è ragionare anche di altro importantissimo aspetto.

Per quanto i giornalisti lo neghino, pretendendo anche in questi casi di fare leva su una libertà, quella di stampa, che, per quanto fondamentale, non può però essere stirata *ad libitum*, accade spesso che quando i mass-media incontrano il processo penale i giornali, le radio e le televisioni diano vita a quella che è stata elegantemente definita espropriazione per pubblica curiosità della vita privata delle persone [R. Barberis].

Anche in questo caso è opportuno sgombrare il campo dagli equivoci.

Nessuno dubita che le libertà collettive faticosamente conquistate nella storia – tra le quali certamente figura altresì la libertà di stampa – debbano essere gelosamente protette contro qualunque tentativo di compromissione delle stesse.

Ma questo non significa, a mio parere, che in nome di malintesi interessi pubblici alla pubblicazione di pretese notizie i mass-media possano impunemente calpestare la *privacy* di chi si trovi coinvolto in un processo penale.

Perché questo significa turbare la pace interiore delle persone, nonché violare la loro sfera privata senza nessun riguardo per le sotto-sfere privata *stricto sensu*, confidenziale e del segreto.

Violazioni come queste peraltro non riguardano solo le vite di coloro che del processo penale sono protagonisti – gli imputati –, ma anche quelle di chi di tale processo risulti mero comprimario – i familiari degli imputati piuttosto che le persone offese dal reato –.

A tal proposito, basterebbe qui ricordare – è stato fatto con documentato, ansiolitico, realismo nell'ambito di una popolare serie televisiva dedicata all'omicidio di Yara Gambirasio – il trattamento che dal punto di vista massmediatico fu riservato alla Famiglia Gambirasio per far sì che la stessa sgretolasse infine il muro del silenzio del proprio dolore e corresse a sua volta nella pista disegnata da giornali, radio e televisioni, rilasciando interviste, dichiarazioni, ecc.

Ma la stessa cosa, a ben guardare, è accaduta – colpendomi in prima persona nella mia qualità di professionista chiamato a rappresentare la Famiglia unitamente a bravissima collega civilista – in occasione della misteriosa scomparsa da casa di una ragazza di trent'anni che abita(va) in provincia di Modena.

Ogni giorno in Italia scompaiono decine di persone.

Eppure la scomparsa di questa ragazza ha tenuto banco dal punto di vista mass-mediatico per giorni e giorni.

Con la conseguenza che per giorni e giorni ho visto operare giornalisti di giornali, radio e televisioni anche nazionali.

Ciò che posso dire è che, a fronte di tanti giornalisti seri e soprattutto educati che hanno quotidianamente fatto il proprio dovere posponendo la pretesa notizia di giornata alla tragedia che la Famiglia vive(va), ci sono stati anche giornalisti – pochi per fortuna – certamente maleducati che, operando senza nessuna etica – *i.e.* in modo sicuramente censurabile in chiave deontologica –, hanno quotidianamente lavorato per forzare il blocco del dolore auto-imposto a propria protezione dalla Famiglia nella speranza di ottenere un'intervista/una dichiarazione della mamma e/o della sorella della ragazza.

A tal proposito basti considerare che, dopo aver invano tentato di avvicinare la mamma anche sul luogo di lavoro, alcuni giornalisti hanno addirittura tentato di estorcere un'intervista/una dichiarazione alla sorella presentandosi direttamente sotto casa della stessa e percuotendo le persiane delle stanze poste a piano terra affinché uscisse/li lasciasse entrare.

Ciò che più ha amareggiato però è che in entrambi i casi – tanto nel caso di chi ha operato correttamente quanto nel caso di chi non lo ha fatto – è sempre stato detto che tentare di ottenere un'intervista/una dichiarazione della mamma e/o della sorella della ragazza era cosa fatta nell'esclusivo interesse della Famiglia.

E perché, essendo stata ingiustamente attaccata a livello mass-mediatico, era sacrosanto che la stessa si potesse pubblicamente difendere.

E perché comunque era necessario esercitare pressioni sugli inquirenti affinché gli stessi non desistessero dal cercare la ragazza, ma continuassero anzi a battere diligentemente tutte le piste investigative via via profilatesi all'orizzonte.

Premesso che queste spiegazioni sono suonate finanche irritanti quando sono state portate alla nostra attenzione da parte di chi, come detto, ha dato mostra di essere avvezzo ad operare ad alzo deontologico zero, il punto è che la Famiglia si è davvero vista costretta a difendere se stessa a livello mass-mediatico da tutta una serie di gratuite accuse che le sono state rivolte da persone terze che, intervistate da alcuni giornalisti, hanno inteso contribuire alla ricostruzione della loro pretesa verità a botte di 'secondo me', di 'in paese si dice', di 'io credo', ecc.

La qual cosa, avendo condotto taluni commentatori e parte del pubblico a sospettare che dietro le persone della mamma e della sorella della ragazza si potessero effettivamente celare persone completamente diverse da quelle, timide, premurose e gentili, che oggettivamente mamma e sorella sono, ha richiesto da parte nostra interventi in chiave ortopedica, prodromici a ricostruire anche documentalmente una verità sostanziale che, se per un verso, era stata gratuitamente messa in dubbio, per l'altro verso, si profilava assolutamente irrilevante atteso che nessuno aveva mai nemmeno ipotizzato l'esistenza di vere connessioni causa-effetto tra le persone della mamma e della sorella a monte e la scomparsa della ragazza a valle.

Sotto questo profilo però non meno interessante, come detto, è stato riflettere anche sulla bontà della seconda spiegazione portata alla nostra attenzione.

Ovviamente non sono in grado di dire se la diligenza sulla base della quale gli inquirenti sembrerebbero aver operato nel caso di specie debba essere imputata anche alle pressioni mass-mediatiche.

Posso dire però – perché l'abbiamo personalmente toccato con mano – che l'operato di alcuni giornalisti del servizio pubblico, anche sulla scia di quanto scoperto – tanto – da bravissima giornalista locale, ha permesso di portare alla luce tutta una serie di particolari ignoti alla stessa Famiglia che gli inquirenti hanno poi potuto approfondire.

Resta il fatto – questo è il punto – che quanto fin qui

detto è certamente sufficiente per comprendere che anche quando ci si trovi a ragionare di *privacy* e processo penale il vero problema sia rappresentato dalla dignità delle persone.

Come è stato correttamente osservato, infatti, la *privacy* non è qualcosa di separato dal rispetto e dalla dignità umana [T. Cook].

Voglio essere chiaro in proposito: nessuno dubita che lo Stato, attraverso la polizia giudiziaria e il pubblico ministero, abbia il diritto-dovere di scoprire i reati e di punirne gli autori.

Così come nessuno dubita che i giornalisti, nell'interesse della libertà di stampa – che è certamente fondamentale libertà fondamentale –, abbiano il diritto-dovere di pubblicare le notizie.

Ma ciò non toglie che la dignità delle persone sia cosa in relazione alla quale nessuno si deve in nessun caso sentire libero di transigere.

Perché, nell'ambito di uno stato di diritto che pretenda di essere considerato tale, la ragione per la quale gli uomini si continuino a sentire onorati quando impongono delle umiliazioni ai propri simili dovrebbe continuare a restare un mistero [M. Gandhi].

10
Punizione

Punizione.

Ragioniamone per *step*, attraverso una *road-map* costruita a partire dalle seguenti domande:

1. Cos'è il processo penale?

Benché ragionare di garantismo possa suonare *démodé*, il processo penale è innanzitutto uno strumento di garanzia.

Certamente è anche uno strumento per accertare la commissione di reati e per punirne gli autori.

Ma è innanzitutto uno strumento di garanzia.

Non solo perché il garantismo rappresenta il principale carattere della giurisdizione penale [M. Donini].

Ma anche perché i consociati devono poter essere sempre protetti *in primis* dalla ontologica violenza propria della giustizia penale.

2. Qual è la sua funzione con riguardo alla vittima?

C'è stato un mondo – ha correttamente osservato Filippo Sgubbi nel bellissimo saggio intitolato *Il diritto penale totale* – nel quale la vittima era mera comprimaria del processo penale.

Quel mondo però non esiste più.

Oggi la vittima è diventata protagonista del processo penale.

Imperando una visione etica del fenomeno, infatti, oggi il centro della scena del processo penale è riservato a quella che è stata elegantemente definita visione vittimocentrica dello stesso: la vittima è l'eroe moderno, in quanto tale santificata [F. Sgubbi].

A comandare oggi, nel mondo del processo penale, in altre parole, è il cosiddetto paradigma vittimario [V. Manes], che è arrivato finanche a tramutare il processo penale in un vero e proprio processo politico, inteso esso alla stregua di processo nell'ambito del quale la vittima esercita pressioni sul giudice, con tutto ciò che ne consegue in punto di sua effettiva imparzialità ed indipendenza.

Proprio su questo sfondo si è addirittura arrivati a parlare di reato percepito.

A fare la differenza è la percezione della vittima: in sé considerata, infatti, la condotta del soggetto agente potrebbe anche essere neutra, ma se la vittima la percepisce come delittuosa, allora tale condotta diventa reato [F. Sgubbi].

3. Quali sono le regole del processo penale?

Nel processo penale la vittima non dovrebbe poter accampare pretese.

Dovrebbe essere titolare di poteri di impulso e/o di sollecitazione, ma non dovrebbe poter esercitare, come invece accade nell'attualità, «poteri inibitori rispetto all'applicazione di istituti incidenti in senso favorevole sulla punibilità dell'autore del reato» [F. Palazzo].

Perché impostazioni come queste, a ben guardare, immutano la natura stessa del processo penale, tramutando uno strumento di garanzia in uno strumento finalizzato a inverare quella visione giansenista della società cara ad un famoso *magistar* milanese già presidente dell'Associazione nazionale magistrati.

Apro e chiudo una parentesi.

Per quanto preoccupante, quanto precede non deve stupire.

Perché nell'attualità – ha argutamente osservato Francesco Palazzo – la giustizia ha assunto un vero e proprio ruolo centrale.

Anche perché oggi a decidere non è più la politica, ma è la magistratura.

Con tutto ciò che ne consegue *in primis* dal punto di vista sistematico.

Come è stato correttamente osservato, infatti, proprio su questo sfondo si è arrivati a perdere di vista le basi stesse del diritto penale, posto che, correttamente inteso, il diritto penale dovrebbe sempre poggiare su una definizione stipulativa [G. Insolera].

Parlare di diritto penale, infatti, dovrebbe sempre significare parlare di disposizioni a struttura condizionale ancorate alla particolare tipologia della conseguenza punitiva: se il tipo di pena-sofferenza è l'*in se* definitorio del concetto, il sostantivo – diritto – non può che essere argine, limite del potere di punire [G. Insolera].

Il vero baricentro del diritto penale, in altre parole, non dovrebbe essere rappresentato dalla punizione, ma da quell'insieme di disposizioni che esistono per ricordare che la punizione è legittima se e solo se è irrogata previo rispetto delle regole del gioco.

Esattamente questa, d'altro canto, dovrebbe essere la cifra politica del diritto penale.

Quella cifra politica che – come autorevolmente chiarito dallo stesso Gaetano Insolera – altro non rappresenta se non un termometro pensato appunto per misurare la temperatura della libertà di tutti i consociati.

Cristalline le conclusioni: proprio per queste ragioni, nel ragionare di diritto penale si ricorre spesso «allo svelto sintagma diritto penale liberale»: nell'oggetto del diritto penale da definire, così impostata la questione, entrano «la vita, la libertà, l'autonomia dei singoli» [G. Insolera], vale a dire la dignità delle persone.

4. Quali sono le pretese punitive della vittima?

Nell'ottica della vittima, l'unica pena giusta è sempre e solo quella esemplare.

È umano.

È comprensibile.

È cosa che – come sottolineava già Friedrich Nietzsche – affonda le proprie radici in quello che Giovanni Fiandaca ha icasticamente definito «ancestrale piacere di far soffrire l'autore dell'azione ingiusta, come compensazione emotiva del torto subito».

Ma è anche la ragione stessa dell'esistenza della giurisdizione.

I giudici esistono proprio per mediare tra carnefice e vittima.

Se non esistessero i giudici e dunque coloro che, essendo terzi rispetto alla commissione del reato, sono anche umanamente in grado di essere giusti nel giudizio, esisterebbe ancora oggi la legge del taglione.

Perché nell'ottica della vittima, come è stato correttamente osservato, il modo più diretto di ricambiare il male è il male: se non esistessero i giudici, insomma, la tentazione sarebbe ancora oggi quella di ragionare secondo il classico schema occhio per occhio dente per dente partendo dal presupposto che solo la contrapposizione *malum actionis malum passionis* si appalesi in grado di riconciliare l'ordine sociale rotto dal reato [G. del Vecchio].

Da questo punto di vista, il vero problema sembrerebbe però consistere nel fatto che la contrapposizione che precede non parrebbe essere cara solamente alla vittima, ma anche all'attuale politica legislativa penale.

Che, probabilmente anche per soddisfare i *desiderata* delle vittime, non ha remore a coltivare ancora oggi una prospettiva costruita a partire appunto dalla logica *malum actionis malum passionis*, sviluppando politiche sempre più carcero-centriche.

In un bellissimo saggio intitolato *Giustizia e mito*, Luciano Violante ricordava come la pena minacciata ad Antigone ove la stessa non avesse ottemperato l'editto di Creonte fosse quella dell'isolamento in una caverna.

L'Antigone fu rappresentata per la prima volta ad Atene nel 442 a.C.

Eppure l'unico modello punitivo che l'attualità sembrerebbe recepire parrebbe essere ancora oggi quello dell'isolamento nella caverna carceraria.

Nel tempo la riflessione giuridica ha certamente costruito diritti e facoltà, consentendo alla nostra società di mettere definitivamente a fuoco il fatto che, a differenza della vendetta, che ha come fine chi la realizza per avere soddisfazione, la punizione deve avere come fine chi la subisce [Aristotele].

Ma ciò non toglie che ancora oggi il centro della scena della punizione sembri occupato dall'isolamento nella caverna carceraria.

Un isolamento, questo, che, così impostata la questione, parrebbe davvero rappresentare l'unico strumento in grado di riconciliare l'ordine sociale rotto dal reato.

5. Davvero non esistono alternative?

Quando Massimo Donini e Adolfo Ceretti mi permisero di ammirare per la prima volta l'orizzonte proprio della cosiddetta giustizia riparativa, credetti che la stessa contrassegnasse assoluta novità dell'attualità.

Scoprii ben presto però che così non era e che da tempo immemore l'uomo aveva avvertito l'esigenza di individuare strumenti che veicolassero contenuti e valori positivi antitetici rispetto alla negatività del crimine [G. Fiandaca].

Leggendo le bellissime pagine di Luciano Violante peraltro scoprii che nella Bibbia esisteva il cosiddetto Rib.

Esisteva cioè il «confronto [...] tra due parti in causa che cerca[va]no di giungere a un accordo (necessario per motivi familiari, di convivenza, vicinato, affari, alleanze politiche, etc.) senza ricorrere a un giudice»: «[s]copo del Rib non [era] emettere una sentenza o applicare una pena, ma [era quello di] ristabilire un rapporto interrotto a causa del torto fatto da una parte all'altra» [L. Violante].

Questo, come detto, è scritto nella Bibbia.

Corre l'anno 2025: non sarebbe giunta l'ora di darvi seguito?

6. Qual è lo stato dell'arte in materia?

Rispondere a questa domanda, a mio parere, implica avere chiaro il fatto che, quando un problema è di matrice culturale, è sulla base di strumenti di matrice culturale che va affrontato.

Ciò premesso, preme osservare quanto segue.

Ne *La Repubblica* Platone affermava che soltanto la migliore educazione sarebbe stata in grado di innestare la vera giustizia nell'anima umana.

Aggiungendo che era di lì che la vera giustizia si doveva estendere a tutta la vita della comunità.

Nell'ottica di Platone, insomma, il primo passo verso la costruzione dello stato ideale doveva consistere nell'educazione costruttiva della personalità umana.

Attraverso quale strumento?

Attraverso la legge.

Era la legge, insomma, lo strumento attraverso il quale educare il popolo.

Ma questa impostazione aveva sue precise conseguenze.

Perché implicava che il legislatore – quello che attraverso la legge avrebbe dovuto appunto educare il popolo – fosse l'uomo-saggio chiamato a mettere in forma scritta la giusta ragione posta a base della legge stessa.

Se quanto precede è corretto, allora la domanda è: è davvero così nell'attualità?

È davvero un legislatore uomo-saggio quello dell'attualità?

O non è, per avventura, un legislatore populista che nello sviluppare la propria politica legislativa penale non ha remore a calpestare la dignità delle persone?

Credo sinceramente che la risposta alla domanda che precede possa a buon diritto essere considerata scontata.

7. Quali sono i nostri doveri?

Se per nostri doveri intendiamo i nostri doveri di avvocati penalisti, la risposta, a mio parere, è imperativa: dobbiamo recuperare la cultura garantista.

Che deve essere recuperata soprattutto quando si tratti di ragionare di vittime e processo penale.

Parimenti dobbiamo recuperare le basi del diritto penale.

Quelle che sono andate perse.

Per rimarcare che nell'ambito dell'endiadi diritto penale la parola diritto esiste appunto per limitare il potere di punire [G. Insolera].

Perché anche da questo punto di vista deve esistere un limite: punire, volendo parafrasare qui il sottotitolo del bellissimo saggio di Didier Fassin, non può continuare a rappresentare *Una passione contemporanea* negli esatti termini che precedono.

Se non saremo in grado di fare ciò – se non saremo in grado cioè di recuperare la cultura garantista, nonché di recuperare le basi del diritto penale –, certamente non saremo in grado nemmeno di ragionare di vittime e processo penale con la misura – *recte*: con l'equilibrio – che questo delicato tema impone.

Di questo però saremo innegabilmente responsabili.

Perché, come è stato correttamente osservato, l'indifferenza, in taluni casi, è più colpevole anche della violenza [L. Segre].

11
Repubblica giudiziaria

L'Italia è una Repubblica giudiziaria?

La risposta, a mio parere, è sì.

L'Italia – quest'Italia – sembrerebbe effettivamente essere diventata una vera e propria Repubblica giudiziaria sullo sfondo della quale parrebbero allignare indifesi, siccome destinati a flettere sempre più sotto l'insopportabile peso di populismo e giustizialismo, i veri temi della giustizia penale.

1. Viviamo un'epoca caratterizzata da indagini preliminari che, nell'originario impianto codicistico, esistevano semplicemente per orientare il pubblico ministero nella scelta tra azione ed inazione, ma che assumono oggi il valore di condanna preventiva.

Viviamo un'epoca caratterizzata da dibattimenti che, nell'originaria logica del codice di procedura penale, avrebbero dovuto rappresentare il *core* del nuovo processo penale di matrice accusatoria, ma che assumono oggi il valore di riti celebrandi nel generale disinteresse della società.

2. A ciò si aggiunga, per quel che qui importa, che nell'ambito della Repubblica giudiziaria nessuno sembrerebbe più nemmeno preoccuparsi del fatto di armonizzare tra loro diritto di cronaca e presunzione di innocenza.

Basti considerare in proposito le accuse, imperniate su

una nostra pretesa volontà di imbavagliare i giornalisti, che vennero rivolte alla nostra Camera penale quando il Consiglio direttivo della stessa decise di attivare anche a Modena un Osservatorio in materia di informazione giudiziaria.

Un Osservatorio, questo, che, se, per un verso, voleva semplicemente mutuare le logiche proprie di quello già attivato su scala nazionale dall'Unione delle camere penali italiane, per l'altro verso, null'altro intendeva rappresentare se non uno strumento prodromico ad aprire percorsi culturali, da affrontare unitamente a magistrati e giornalisti, che permettessero di riflettere appunto sulla necessità di contemperare tra loro diritto di cronaca e presunzione di innocenza.

L'intenzione del Consiglio direttivo, insomma, era semplicemente quella di incanalare l'attenzione di magistrati e giornalisti nel traffico del gravissimo problema rappresentato dal processo penale mass-mediatico.

Vale a dire da quell'incivile rito alternativo [P. Tonini] immediatamente fruibile da parte dell'opinione pubblica, che, se, per un verso, ricostruisce i *lost facts* obliterando le regole probatorie del codice di procedura penale, per l'altro verso, incide negativamente sull'imparzialità del giudice.

Si afferma sovente che, essendo il magistrato un funzionario professionista e professionalizzato, sotto questo profilo, non si porrebbe nessun problema di imparzialità dello stesso.

Ma non è vero.

Gli studi condotti in materia, compendiati anche in un bellissimo libro dal titolo *Il giudice emotivo. La decisione tra ragione ed emozione*, dimostrano anzi che «una mente senza emozioni non è per nulla una mente, [ma] è soltanto un'anima di ghiaccio; una creatura fredda, inerte, priva di desideri, di paure, di affanni, di dolori e di piaceri».

Dimostrano, insomma, che i giudici sono uomini.

E che come gli uomini sentono.

E decidono.

3. Sullo sfondo della Repubblica giudiziaria si innesta il tema inerente alla prescrizione.

Soltanto un Paese incivile rinuncia alla prescrizione. Perché la prescrizione non è garanzia di impunità, ma è requisito di efficienza procedurale posto a tutela di tutti i cittadini.

Diciamolo chiaramente: il processo penale in questo Paese dura anni, essendo già per questa ragione una pena.

Una pena alla luce della quale cancellare dall'ordinamento giuridico italiano l'istituto della prescrizione davvero ha significato avere in spregio la dignità di persone che, proprio a causa delle arcinote lungaggini burocratiche italiane, si vedono costrette a vestire i panni di incolpevoli prigionieri processuali di Stato per anni: come può un Paese che pretenda di essere considerato civile non comprendere che la durata media di un processo penale, per essere ragionevole, non può che essere calibrata sulla durata media della vita di una persona adulta?

4. Sullo sfondo della Repubblica giudiziaria si innesta il tema inerente alla separazione delle carriere di giudici e pubblici ministeri.

Che è ritornato di grandissima attualità proprio in queste ore e che è tema fondamentale dal punto di vista politico, culturale e dunque giuridico.

La separazione delle carriere è davvero la madre di tutte le riforme [O. Dominioni].

E se davvero non sussistono apprezzabili ragioni sistematiche per rinunciare a percorrere, qui giunti, anche l'«ultimo miglio» nell'anzidetta direzione (G. Spangher), deve essere chiaro a tutti che, finché giudice e pubblico ministero saranno colleghi e dunque contigui, le architetture concettuali sulle quali si regge l'attuale codice di procedura penale saranno sempre e ineluttabilmente destinate a flettere.

Perché un processo penale di matrice accusatoria non potrà mai funzionare finché il giudice non sarà davvero terzo e davvero imparziale.

E perché separare le carriere di giudici e pubblici ministeri non significa unicamente risolvere un problema ordinamentale – che evidentemente esiste – ma significa anche e soprattutto recuperare il giudice a quella cultura del limite che gli è – o che gli dovrebbe essere – propria.

Ha osservato Annalisa Chirico che giustizia è politica anche perché negli anni la magistratura in Italia ha assunto il ruolo di suprema autorità incaricata di applicare il codice morale in luogo di quello penale.

È vero.

In questo Paese impera da anni una malintesa concezione della magistratura requirente che tende ad orientare l'opinione pubblica verso lidi culturali sempre più improntati a populismo e giustizialismo.

L'unico antidoto contro il cosiddetto partito delle procure può e deve essere individuato nel giudice.

Ma il giudice, anche solo per essere tale, deve poter essere davvero terzo e davvero imparziale.

Perché solo un giudice davvero terzo e davvero imparziale può essere equilibrato garante delle garanzie.

5. Sullo sfondo della Repubblica giudiziaria si innesta il tema inerente all'abuso della custodia carceraria.

Ancora oggi in questo Paese la storia della custodia carceraria è la storia dell'abuso sistematico di uno strumento che la Costituzione e la legge ordinaria hanno disegnato alla stregua di strumento destinato a trovare eccezionale e residuale applicazione.

Perché nell'ambito di un processo penale di matrice accusatoria, se la regola è la libertà, la cattività è – *recte*: deve essere – la stretta eccezione.

Eppure, nonostante ciò, le statistiche ministeriali in materia, aggiornate a martedì, 31 dicembre 2024, sono impietose: a quella data, infatti, i detenuti in Italia erano 51.320.

Di questi, più di 17.000 erano imputati in attesa di giudizio.

Ciò significa che più di un terzo di coloro che, alla data

di martedì, 31 dicembre 2024, si trovavano in prigione era presunto non colpevole.

È inaccettabile.

6. Sullo sfondo della Repubblica giudiziaria si innesta il tema inerente ai rapporti tra magistrati e politica.

Che contrassegna tema complesso, che viene da lontano – se ne era occupata espressamente già l'Assemblea costituente – e che risulta declinabile su più livelli.

Nell'ottica di taluni, i magistrati avrebbero diritto di partecipare attivamente alla vita politica del Paese.

Perché?

Perché, da questo punto di vista, non si porrebbe nessun vero problema di indipendenza e di terzietà degli stessi nell'esercizio della giurisdizione.

Perché?

Perché esisterebbe una cartina di tornasole dell'indipendenza e della terzietà dei magistrati, che consisterebbe nella motivazione di tutti i provvedimenti giurisdizionali.

La motivazione, in quest'ottica, rappresenterebbe ciò che sempre consentirebbe di verificare se la decisione giudiziale pecchi o meno sotto i profili dell'indipendenza e della terzietà del magistrato.

Questa visione del fenomeno, a mio parere, si appalesa riduttiva.

Perché negli anni è radicalmente mutato il modello culturale di riferimento.

I magistrati distaccati presso l'Ufficio legislativo del Ministero della giustizia oggi sono decine.

E decine di magistrati distaccati presso tale Ufficio certamente determinano in modo significativo la politica del Paese.

Ciò anche in considerazione del fatto che nell'attualità le leggi sono sempre più spesso affare del solo Governo: oggi, come noto, a legiferare direttamente è sovente il potere esecutivo attraverso la decretazione di urgenza e/o la legislazione delegata.

7. Sullo sfondo della Repubblica giudiziaria si innesta il tema inerente ai rapporti tra magistrati e stampa.

Che è tema inscindibilmente connesso a quello inerente ai rapporti tra magistrati e politica.

Sempre più spesso accade, infatti, che la magistratura requirente parli direttamente con la stampa.

Anche da questo punto di vista negli anni è radicalmente mutato il modello culturale di riferimento.

Non c'è più bisogno dell'intermediazione della sentenza.

È sufficiente parlare direttamente con la stampa.

Ma parlare direttamente con la stampa significa orientare l'opinione pubblica.

E orientare l'opinione pubblica significa fare politica.

8. Sullo sfondo della Repubblica giudiziaria si innesta il tema inerente ai rapporti tra magistrati e legislatore.

Che è tema inscindibilmente connesso ancora una volta a quello inerente ai rapporti tra magistrati e politica.

Sempre più spesso, infatti, la magistratura tende a colmare le lacune che la politica legislativa penale si lascia alle spalle a botte di sentenze cosiddette creative.

Anche da questo punto di vista negli anni è radicalmente mutato il modello culturale di riferimento.

Basti considerare in proposito come, già all'indomani della sentenza della Corte europea dei diritti dell'uomo De Tomaso c. Italia, la Corte di cassazione pubblicasse sentenze nelle quali i giudici di piazzale Clodio ipotizzavano che i colleghi di Strasburgo avessero inteso affermare che attraverso le sentenze cosiddette creative i giudici potessero produrre diritto.

Diciamolo chiaramente: potessero fare le leggi.

Peccato che la Corte europea dei diritti dell'uomo, come noto, si occupi, non solo di sistemi di *civil law*, ma anche di sistemi di *common law* e che di ciò si sarebbe dovuto prudentemente tenere conto prima di affermare quanto precede.

Ma il punto anche in questo caso è: impastare sentenze cosiddette creative non significa sfornare interpretazioni creative?

E sfornare interpretazioni creative non significa fare scelte valoriali?

E fare scelte valoriali non significa fare politica?

Concludo.

Esiste un antidoto contro la Repubblica giudiziaria?

Esiste – ha osservato Annalisa Chirico – e si chiama primato della politica.

Solo una politica forte e consapevole della propria *mission*, infatti, può rappresentare il motore del cambiamento.

Ma a questa politica forte, a mio parere, deve saper partecipare anche l'avvocatura, siccome vero «sistema nervoso della vita» [G. Bentini].

L'avvocatura deve saper parlare, non solo di giusto processo, ma anche di cultura della legalità.

Perché la cultura della legalità è – *recte*: deve essere – propria anche dell'avvocatura.

Per affrontare in modo consono le sfide politiche che l'attendono, infatti, l'avvocatura dovrà essere capace di superare l'autoreferenzialità che troppo spesso ne affossa, limitandola prepotentemente, l'azione politica.

Per affrontare in modo consono le sfide politiche che l'attendono, in altre parole, l'avvocatura dovrà essere capace di aprirsi alla società complessivamente considerata.

Nella consapevolezza – che deve essere propria *in primis* dell'avvocatura associata – che viviamo un'epoca nella quale il processo penale è sempre più visto come uno strumento di controllo sociale, come una macchina moralizzatrice ovvero come un mezzo per realizzare quello stato etico caro ad una certa magistratura anche giudicante.

Perché è un'epoca, questa nostra epoca, che davvero sembrerebbe essere sempre più caratterizzata dalla vittoria della giuristocrazia – dalla vittoria, cioè, di quello che è stato elegantemente definito patologico gigantismo giurisdizionale sempre più ammantato di aspettative etiche ed extra-giudiziarie [E. Amodio] –.

A conti fatti, viviamo un'epoca nella quale impera da anni l'ingombrante figura del giudice etico, considerato alla stregua di eroe positivo, avanguardia morale nella ricostruzione di un Paese devastato dal degrado politico [F. Forgione].

Proprio per queste ragioni però è un'epoca, questa nostra epoca, che non può non vedere come protagonista anche l'avvocatura.

Perché, *rebus sic stantibus*, l'avvocatura per prima deve combattere le proprie battaglie di avanguardia.

Producendo politica.

E riversando verso l'esterno le proprie idee di libertà.

Solo se saprà davvero fare ciò, d'altro canto, l'avvocatura potrà pretendere a buon diritto di rivestire per il futuro il fondamentale ruolo costituzionale ancora recentemente rivendicato in suo favore da autorevoli attori istituzionali.

12
Tradizione

Non sono convinto che questa nostra epoca, certamente complessa, sia più complessa delle epoche che hanno vissuto coloro che hanno indossato la toga prima di noi.

Certamente oggi nell'ambito di questa nostra società così liquida – *recte*: così individualista – sarebbe impossibile anche solo ipotizzare che qualcuno, che pure avesse l'onore di indossare la toga, fosse disponibile a rinunciare alla propria libertà per non rinunciare alle proprie idee di libertà.

Ma in passato questo è accaduto.

Probabilmente ci è difficile ricordare che ciò è accaduto.

Perché viviamo un'attualità che respira esclusivamente diritti e non (più) doveri.

Ma è accaduto.

In passato, tra coloro che hanno avuto l'onore di indossare la toga v'è stato chi ha preferito patire la prigione piuttosto che abiurare le proprie idee di libertà.

In passato, tra coloro che hanno avuto l'onore di difendere v'è stato addirittura chi, Fulvio Croce, ha preferito morire piuttosto che cedere il passo alla paura di morire.

Fulvio Croce – è noto – *è stato* l'avvocato per antonomasia.

Ma prima ancora è stato un uomo con la u maiuscola.

Perché, tra tutti gli eroi che hanno avuto l'onore di morire a causa della toga, Fulvio Croce sapeva perfettamente che sulla sua strada lo attendeva la sua morte.

Eppure, sebbene posto davanti alla cieca violenza terroristica, non ha inteso retrocedere.

Vero presidente del Consiglio dell'ordine degli avvocati, ha accettato le conseguenze di morte delle proprie azioni.

Consacrando con ciò la funzione dell'avvocato.

E consegnando all'immortalità della sacralità dell'anzidetta funzione il diritto di difesa, così cesellato appunto alla stregua di diritto in difesa del quale si può anche morire –.

Ma ricordare Fulvio Croce significa ricordare tutti gli eroi – tanti – che sono morti nell'adempimento del proprio dovere istituzionale.

Tra questi ovviamente ci sono stati anche tanti magistrati che, veri eroi dello Stato, hanno a loro volta bevuto il proprio amaro calice.

Anche quando, cristallino, si stagliava loro innanzi il proprio destino – penso da ultimo a Giovanni Falcone e prima ancora a Paolo Borsellino che, dopo la morte di Giovanni Falcone, davvero non poteva più avere nessun dubbio in merito a ciò che l'attendeva –.

Pensare che ciò che rappresentiamo – che siamo – quando la toga ci uniforma contrassegna il portato del sacrificio di consimili uomini sinceramente paralizza.

Perché se è vero che la tradizione è ciò che consente

paragoni [M. Veneziani], di fronte a cotali vette di senso civico paragonarci rischia di riflettere semplicemente l'immagine di piccoli uomini.

Ma questo non significa – né deve significare – che, vero ciò, della tradizione la nostra professione di avvocati penalisti possa fare a meno.

Innanzitutto perché, come è stato correttamente osservato, chi ne è privo non conosce altro che il suo presente [M. Veneziani].

Di poi perché *tradere* significa tramandare.

Con tutto ciò che ne consegue sul piano proprio di tutti i valori che i Maestri – i nostri Maestri – ci hanno tramandato.

Personalmente ho avuto l'onore di conoscere grandi avvocati, potendone frequentare professionalmente non pochi.

I grandi avvocati sono innanzitutto uomini di stra-ordinaria eleganza.

Di stra-ordinaria eleganza di vita.

Persone superbe – l'aggettivo è qui sinonimo di imponenti per eccezionalità, essendo la gentilezza il vero tratto caratteristico di chi è veramente grande –, i grandi avvocati sono uomini che tutti i giovani dovrebbero poter incontrare nella propria vita.

Perché sono Maestri come solo lo sanno essere coloro che insegnano semplicemente con l'esempio.

Ma cosa accomuna tra loro i grandi avvocati?

Premesso che, quando si ragiona di grandi avvocati si

ragiona di Maestri e che quando si ragiona di Maestri si ragiona di pezzi unici – gli imitatori, tanti, giocano tutti in serie B –, a mio parere, ciò che accomuna tra loro i grandi avvocati è innanzitutto la cultura.

I grandi avvocati sono sempre stati *in primis* uomini di cultura.

La qual cosa non deve stupire, posto che il diritto è *in primis* cultura [G. Spangher].

E che comunque è solo grazie alla cultura che è possibile «da[re] corso alla creatività, incanta[re] con la ricerca di strade sconosciute, produ[rre] stupore con soluzioni inattese» e più in generale «indirizza[rsi] alla parte emotiva dell'uomo»-giudice [A. Scerbo].

Ma i grandi avvocati sono sempre stati altresì uomini profondi.

Profondi nel vivere.

Così come, per quanto burberi potessero essere, sono sempre stati uomini dall'animo gentile.

Perché sinceramente – e come insegnava tra gli altri Genunzio Bentini allorché cantava «[m]ettici del cuore, sempre, ovunque [e] parla le parole della vita» – non è la nostra una professione che possa essere esercitata senza cuore.

Certamente ci sono tanti avvocati che la esercitano anteponendo l'α privativa alla parola passione.

Altrettanto certamente però si vede.

Si vede bene.

Si impara a vivere quando si ha la fortuna di frequentare un Maestro.

E non mi si deve dire che non ve ne sono più.

A) perché ve ne sono ancora.

Ma soprattutto B) perché con i Maestri è sempre possibile dialogare attraverso il tempo.

Basta meditare i libri che ci hanno tramandato.

E che, come solo sanno fare i grandi libri, cambiano significativamente alla lettura man mano che a maturare sono le vite di coloro che li leggono.

È solo vivendo, d'altro canto, che si impara davvero cosa significhi *essere* un avvocato.

A conti fatti, non è importante imparare a *fare* l'avvocato.

Perché imparare a *fare* l'avvocato è mera conseguenza dell'imparare ad *essere* un avvocato.

L'importante però è avere chiaro che questa relazione non è biunivoca: se si è imparato ad *essere* un avvocato, si imparerà anche a *fare* l'avvocato.

Ma se ci si è concentrati esclusivamente sul fatto che l'unica cosa pretesamente importante fosse imparare a *fare* l'avvocato, ci si dimentichi di poter *essere* un avvocato.

Perché non succederà.

Purtroppo le impostazioni errate generano mostri.

Sotto altro profilo, devo ammettere che si impara tanto – davvero tanto – anche quando la vita ci costringe a frequentare cattivi maestri – la m minuscola qui è voluta –.

Perché anche i cattivi maestri, sebbene inconsapevolmente, sanno insegnare tanto.

Basta osservare con attenzione ciò che fanno e non fare ciò che si è visto fare loro ovvero farlo, ma diversamente da come lo si è visto fare loro.

Anche in questi casi, in ogni caso, tra cattivi maestri e cattivi maestri vi sono assonanze con la a maiuscola.

I cattivi maestri sono vigliacchi.

Tendenzialmente deboli con i forti e forti con i deboli, sono difficilmente disponibili a difendere davvero.

Perché difendere davvero richiede coraggio.

E «il coraggio, se uno non ce l'ha, mica se lo può dare» [A. Manzoni].

In assenza di coraggio però la difesa è ontologicamente debole.

E tende a diventare mero simulacro.

Nella mia esperienza, infatti, il cattivo maestro si innamora degli onori della professione.

Ma certamente non è disponibile a cavalcare l'onda spaventosa che quotidianamente cavalca chi si siede davvero dalla parte del torto quando nessun altro è disposto a sedervisi, difendendo davvero i diritti senza se e senza ma.

Anche queste considerazioni, in ogni caso, dimostrano che la nostra professione non può fare a meno della tradizione.

Perché è soprattutto quando si ragiona di avvocati penalisti, a mio parere, che la tradizione diventa fondamentale: se *tradere*, come si diceva poc'anzi, significa tramandare e dunque, in ultima analisi, consegnare, infatti, diventa finanche fondamentale comprendere quali *res* debbano essere consegnate a chi – i nostri giovani colleghi – rappresenta il nostro futuro.

Da questo punto di vista, è mia opinione che la prima *res* che deve essere consegnata loro sia l'onestà intellettuale.

Che non è – né vuole essere – sinonimo di deontologia.

Soprattutto se per deontologia si intende qui quella, formale, che si insegna nell'ambito di corsi di formazione obbligatori nella speranza, infondata, che i nostri giovani colleghi possano imparare la basilare educazione civica che non è stata insegnata loro.

Onestà intellettuale qui significa rettitudine.

E rettitudine qui significa schiena dritta.

Nei confronti del potente di turno.

Ma prima ancora di se stessi.

Perché troppe volte è accaduto che anche coloro che hanno avuto la pretesa di guidare l'avvocatura istituzionale e/o associata abbiano ceduto il passo alla paura quando non addirittura alle proprie convenienze personali.

La seconda *res* che deve essere consegnata loro è l'orgoglio.

L'orgoglio di essere avvocati.

E di avere per ciò solo il privilegio di difendere i diritti.

Sempre ricordando a se stessi e agli altri – magistrati compresi – che la libertà non consiste nel fare ciò che ci piace, ma nell'avere la possibilità di esercitare il diritto di fare ciò che dobbiamo [K. Wojtyla].

La terza *res* che deve essere consegnata loro è la fierezza.

Quella che, sola, può derivare dall'avere il privilegio di indossare la toga.

Potendo con ciò insegnare ancora una volta a se stessi e agli altri – magistrati compresi – che chi non compie quotidianamente il proprio dovere, per questo solo, non merita nessun diritto [O. Fallaci].

La quarta *res* che deve essere consegnata loro è la paura, terribile, che deriva dall'onere del difendere.

La difesa penale è sacra funzione.

E, qualunque sia il reato che si va a stagliare sullo sfondo, il processo penale che lo Stato pretende di celebrare a carico dell'imputato – di qualunque imputato – deve essere giusto.

Per questo esistono gli avvocati penalisti.

E questo oggettivamente non può non fare paura.

La quinta ed ultima *res* che deve essere consegnata a chi – i nostri giovani colleghi – rappresenta il nostro futuro è la solitudine.

Che è cosa misteriosa.

Da consegnare in silenzio.

Perché solo l'avvocato penalista è in grado di comprendere davvero la solitudine.

Sono state scritte anche bellissime pagine sulla solitudine dell'avvocato penalista.

Ma credo sommessamente che nemmeno scriverne le possa rendere vera giustizia.

Perché la solitudine dell'avvocato penalista è sempre e comunque di più di ciò che della stessa viene detto e/o scritto.

È un vuoto, la nostra solitudine, con la v maiuscola.

Che più vuoto ancora diventa nottetempo.

Quando certamente più pesante si fa il peso delle vite altrui.

Di quelle vite che, semplicemente accettando di difendere, ci siamo caricati sulle spalle.

È un vuoto che raggiunge immediatamente il proprio colmo nello stesso istante in cui, appena prima di entrare in aula, ci si fissa nello specchio sorridendo di rimando a quelle che sono anche le nostre paure – quelle che «la toga nasconderà [insieme] ai fremiti della [nostra] carne» [G. Bentini] –.

Nonché a quelle che di lì a breve saranno le pressioni che i pubblici poteri eserciteranno.

Non perché men che corretti saranno i magistrati che con noi celebreranno il processo penale.

Ma semplicemente perché lo Stato, quando ci si trovi coattivamente contrapposti allo stesso, appare – è – davvero gigantesco.

Penso che, incarnandolo in prima persona, nessun magistrato, né requirente, né giudicante, lo comprenda davvero.

Ma lo Stato sa davvero vestire i panni di Golia.

E sa davvero fare paura.

Concludo.

Il cliente potrà non comprendere queste riflessioni.

E potrà non apprezzare queste pagine.

E, alla fine della pista – succede. Raramente. Ma succede –, potrà anche peccare di ingratitudine nei nostri confronti.

Ma ciò non toglie – perché nulla di tutto ciò lo può nemmeno lontanamente scalfire – che noi c'eravamo.

Eravamo lì.

Sulla sua stessa barca.

Seduti a nostra volta dalla parte del torto.

A prescindere da quanta acqua penetrasse, udienza dopo udienza, testimonianza dopo testimonianza, documento dopo documento, nella sentina.

Noi c'eravamo quando nel *backstage* del processo penale si respirava esclusivamente angoscia – quella che sola può respirare chi, vivendo gomito a gomito con lo stesso, nell'imputato arriva ben presto a vedere *la* persona vera e non semplicemente il relativo numero di RG –.

E si sopravviveva alla passione.

A quella passione che, giorno dopo giorno, graffiava anche la nostra pelle, posto che il dolore del nostro cliente è il nostro dolore perché «[l]e cause [...] richiedono la continua scomposizione e ricomposizione dell'anima, con il suo lascito di sofferenza e tormento [...] che sfibra, dilania e annienta» [A. Scerbo].

Noi c'eravamo.

E ci saremo sempre.

Nella consapevolezza che l'essenza della libertà, quella che noi avvocati penalisti, piaccia o meno, incarniamo, consiste nel diritto di resistere, nel diritto di essere impopolari, nel diritto di schierarsi in difesa delle proprie convinzioni per il semplice fatto che esse sono nostre [I. Berlin].

13
Verità

In ventitré anni di professione non ricordo di avere visto operare investigatori davvero impegnati a falsificare la tesi accusatoria per validarne la fondatezza.

Eppure è esattamente questo che il buon investigatore dovrebbe fare.

Soprattutto laddove si volesse davvero applicare la regola dell'aldilà di ogni ragionevole dubbio già nella fase investigativa preliminare, cestinando immediatamente tutte le ipotesi accusatorie azzardate – tali essendo, per quel che qui importa, quelle costruite a partire da teoremi che, se fossero correttamente vagliati già *ab initio*, si appaleserebbero sovente ben presto infondati –.

Ma nonostante ciò – ripeto – non ricordo di avere visto operare investigatori davvero disponibili a contraddire (con) se stessi per validare la fondatezza della tesi accusatoria.

Ho certamente visto operare ottimi investigatori – senza che questo significhi, beninteso, che tutti gli investigatori con i quali mi sono confrontato fossero all'altezza del proprio delicatissimo compito. La qual cosa costituisce *ex se* serio problema, atteso che, come noto, la stragrande maggioranza degli errori giudiziari matura nella fase investigativa preliminare –.

Ne ho sovente potuto apprezzare la precisione.

Talvolta – succede anche nella realtà, non solo nelle *fiction* – l'intuito.

Talaltra finanche la sagacia.

In tantissimi casi – e lo dico con assoluto piacere – l'assoluta serietà professionale.

Ma sinceramente non ricordo di avere letto atti procedimentali scritti e/o sottoscritti da investigatori che, prima di concludere in senso squisitamente accusatorio, avessero davvero dato mostra di avere seriamente messo in discussione le proprie iniziali ipotesi di lavoro – se è successo, è successo in uno specifico caso. Ma si trattava di procedimento penale militare che, di fatto, aveva ad oggetto una sottile *quaestio iuris* più che vere e proprie *quaestiones facti* –.

Eppure – e come ci insegnano già le scienze epistemologiche [K. Popper] – per validare davvero una tesi accusatoria bisognerebbe appunto provare a falsificarla seriamente, sforzandosi di demolirne le fondamenta.

In caso contrario, come ogni buon investigatore dovrebbe sapere, non è latente il rischio di cadere vittima del proprio pre-giudizio, ovvero di ciò che le scienze cognitive sono solite definire *bias*.

A venire qui in rilievo più precisamente sono deviazioni capaci di trarre inconsciamente in inganno la nostra mente, convincendola a sposare tesi accusatorie nonostante l'esistenza di – talvolta non celati – elementi di segno contrario che, proprio a causa del proprio pre-giudizio, l'investigatore non è in grado di apprezzare negativamente.

Come potrebbe testimoniare chiunque frequenti professionalmente il sotto-bosco del processo penale, d'altro canto, accade sovente che anche l'ipotesi accusatoria apparentemente più solida, se filtrata attraverso il prisma proprio di più corretti metodi di lavoro falsificazionisti, si appalesi ben presto traballante, certamente meritevole in quanto tale di attenta rivisitazione.

Nell'ambito della fase investigativa preliminare di un processo penale che vede imputato un noto imprenditore, per esempio, è accaduto che, su circa duecento dipendenti/ex dipendenti dello stesso, gli inquirenti abbiano assunto a sommarie informazioni testimoniali esclusivamente ventidue persone, tutte individuate peraltro sulla base delle classiche voci di paese.

Stando a quanto affermato da alcune voci correnti tra il pubblico, insomma, queste persone sarebbero state in grado di riferire in merito all'effettivo *habitus* comportamentale dell'imputato.

Peccato che, nell'avallare acriticamente questa premessa investigativa, la polizia giudiziaria abbia obliterato di considerare che a venire qui in rilievo fossero anche soggetti che avevano pregresse ragioni di acrimonia personale nei confronti dell'ex datore di lavoro.

Come distinguere, così impostata la questione, tra sommarie informazioni testimoniali veraci e sommarie informazioni testimoniali pregiudicate in radice da malcelati sentimenti di vendetta nei confronti dell'ex datore di lavoro?

Perché non assumere a sommarie informazioni testimoniali anche altri dipendenti/ex dipendenti del noto imprenditore che, grazie a più genuini contributi conoscitivi, potessero davvero aiutare a dirimere i tanti dubbi esistenti già nella fase investigativa preliminare?

Non sarebbe stato esattamente questo che avrebbe dovuto fare un buon investigatore se davvero avesse voluto sondare già *ab initio* la fondatezza della tesi accusatoria?

Eppure è accaduto che nell'ambito della fase investigativa preliminare di questo processo penale, una volta ipotizzato lato pubblica accusa un preciso *storytelling* accusatorio, gli inquirenti abbiano coltivato unicamente ciò che si appalesava in grado di validare la loro prima e unica ipotesi di lavoro per via diretta.

Con buona pace delle non irrilevanti incongruenze anche logiche che, nonostante quanto precede, si paravano loro innanzi e che, se valorizzate, avrebbero potuto scongiurare quanto meno il Calvario mass-mediatico che l'imputato ha dovuto salire ben prima che fosse dichiarato aperto il dibattimento a suo carico.

Ma la stessa cosa – è semplicemente un altro esempio. Ma gli esempi potrebbero essere tanti – è accaduta nell'ambito della fase investigativa preliminare di un processo penale che vede imputato un noto ufficiale dell'Esercito italiano.

Anche in questo caso, durante le indagini preliminari – nate in ambito militare e svezzatesi in ambito civile –, gli inquirenti non hanno inteso applicare all'unilaterale fotografia accusatoria nessun filtro critico.

Nessuno – né la polizia militare né la polizia giudiziaria –, infatti, si è preoccupato di tentare di falsificare – volendo già documentalmente – quanto affermato per iscritto dalle presunte persone offese dal reato.

E benché nel caso di specie fosse addirittura possibile non esercitare nemmeno l'azione penale in danno dell'imputato, si è preferito lasciare ancora una volta alla difesa il compito di mettere in luce nel celebrando dibattimento le evidenti crepe esistenti nella cinta muraria accusatoria.

Peccato che nel processo penale l'onere della prova della colpevolezza dell'imputato dovrebbe essere un affare della pubblica accusa.

E senza considerare, anche in questo caso, che, già prima che fosse dichiarato aperto il dibattimento a suo carico, l'imputato è stato mostrificato dal punto di vista massmediatico anche da parte di giornalisti che, contrariamente a quanto stabilito dall'euro-direttiva in materia di presunzione di non colpevolezza, ne hanno addirittura pubblicato nome e cognome per esteso.

In questi – così come in tanti altri – casi, contrariamente a quanto tende spesso a pensare l'opinione pubblica, l'avvocato esiste *in primis* per dare voce all'imputato, permettendo con ciò alla campana della difesa di suonare a propria volta.

Per quanto ancora oggi ci sia chi si permette di dissacrare la sacralità della difesa, d'altro canto, non è revocabile in dubbio che l'avvocato esista *in primis* per portare all'attenzione del giudice gli elementi – talvolta tanti – contrari alla tesi accusatoria.

La qual cosa permette sovente alla difesa di dimostrare che le cose sono spesso molto diverse da come appaiono *prima facie* a causa di un'unilaterale fotografia accusatoria.

Qui però – va detto – a stagliarsi sullo sfondo è il vero dilemma del processo penale.

Ciò che rende il processo penale oggettivamente misterioso per il non-giurista, infatti, è che nel processo penale non esista *la* verità.

Eppure – e per quanto ciò possa essere contro-intuitivo – è esattamente così: nel processo penale non esiste *la* verità, ma esistono *le* verità [A. Tarsky].

Il concetto – va ammesso – non è epidermico: davvero esiste una giustizia amministrata in nome del popolo italiano che non è in grado di ricostruire la verità?

E, se esiste, quale dovrebbe esserne l'utilità pratica?

E come potrebbe questa giustizia intervenire, sanandola, sulla frattura sociale causata dal delitto?

Rispondere in modo convincente a consimili domande non è certamente facile.

Per farlo però basterebbe partire dal presupposto che l'uomo è fallibile ed in quanto tale incline all'errore [Voltaire].

E considerare che il processo penale è semplicemente un'esperienza umana.

Ne discenderebbe esattamente ciò che è, ovvero che il processo penale, per sua stessa natura, è uno strumento imperfetto.

Quando la respira sulla pelle, il non-giurista tende ad imputare questa sua ontologica imperfezione direttamente alle deficienze proprie della pubblica amministrazione.

Che innegabilmente sussistono.

E che altrettanto innegabilmente contribuiscono ad acuirne le inevitabili distorsioni ricostruttive.

Ma che non sono la causa principe di storture che, quali quelle che qui ci occupano, affondano le proprie radici semplicemente nell'umana fallacia.

Le conseguenze?

Semplice.

Il processo penale non è in grado di ricostruire la verità.

Ciò che il giudice può fare, udite le campane dell'accusa e della difesa, è semplicemente scegliere la verità che più si confaccia all'idea che della *quaestio* processuale si è fatto sulla base delle prove che le parti hanno via via presentato nel corso del dibattimento.

Solo così, a ben guardare, il giudice potrà passare *dalle* verità – quelle dell'accusa e della difesa – *alla* verità – quella che il giudice stesso, su queste basi, cristallizzerà nella sentenza penale –, riducendo con ciò ad unità ricostruttiva la complessità derivante da tesi accusatoria e anti-tesi difensiva.

Se quanto precede è corretto però, allora la domanda diventa: ma la verità che il giudice cristallizzerà nella sentenza penale è la verità storica?

La risposta ancora una volta non può che essere negativa.

E la ragione di ciò, anche in questo caso, è evidente: l'umana fallacia produce deviazioni dalla realtà che, se rapportate allo strumento processo penale, permettono di ricostruire unicamente situazioni verosimili, ma non vere.

L'esempio classico è rappresentato dalla testimonianza, vale a dire dalla regina delle prove.

Come noto, la testimonianza serve a verificare, ma deve innanzitutto essere verificata [F. Carnelutti].

Perché?

Perché è la classica prova complessa, costruita a partire da meccanismo bi-fasico: nel processo penale, infatti, il testimone è esaminato sui fatti.

Ma, prima di riferire i fatti e per potere riferire i fatti, il testimone li deve aver percepiti.

Perché, se, per avventura, il testimone avesse mal percepito gli stessi, certamente non potrà che mal riferirli.

È il classico caso in cui, pur essendo l'autore del reato fuggito a bordo di un'automobile di colore blu, riferendo i fatti, il testimone affermi che nell'occasione lo stesso guidava un'automobile di colore nero.

Pur avendo oggettivamente affermato il falso, in questo caso il testimone non sarà certamente punibile *ex* articolo 372 del codice penale perché nessuno potrà revocare in dubbio che abbia semplicemente mal riferito i fatti per averli mal percepiti.

Ma ciò non toglie che, avendoli mal percepiti, il testimone abbia pur sempre mal riferito fatti che potrebbero essere fondamentali nell'ottica della corretta ricostruzione processuale della verità storica.

In questo specifico caso, ad esempio, la deviazione dalla realtà imputabile all'umana fallacia condurrebbe a ricostruire una situazione certamente verosimile – in base alla quale l'autore del reato sarebbe fuggito a bordo di un'automobile di colore nera –, ma altrettanto certamente non vera – perché, in realtà, lo stesso era alla guida di un'automobile di colore blu –.

Qui peraltro, volendo complicare ulteriormente il ragionamento, il tema si fa ancora più complesso.

Perché è certamente vero che, nell'immaginario collettivo, il sotto-bosco del processo penale risponda ad una logica squisitamente binaria in base alla quale, da un lato, ci sarebbero le persone perbene che, se interrogate in qualità di testimoni, affermerebbero il vero e, dall'altro lato, ci sarebbero le persone non perbene che, se interrogate in qualità di testimoni, affermerebbero il falso.

Ma, come abbiamo testé visto, non è così.

Perché, in realtà – e per quanto la stessa magistratura giudicante si dimostri sovente disattenta rispetto a questo specifico tema –, esiste un *tertium genus*, rappresentato appunto dalle tante persone perbene che, quando interrogate in qualità di testimoni, pur in totale buona fede, avendo mal percepito i fatti, mal li riferiscono, con ciò oggettivamente affermando, pur senza dolo, il falso.

Ma tanto basta perché – come detto – nella sentenza penale si vada a cristallizzare una situazione verosimile, ma non vera.

Ma tanto basta, insomma, perché nella sentenza penale si vada a cristallizzare, non la verità storica, ma semplicemente una delle tante verità processualmente possibili.

14
Wrongful convinctions

Siamo tutti figli della fragilità – amava ricordare Voltaire –.

Non ci possono essere dubbi in proposito.

Con la conseguenza, per quel che qui importa, che, quando si ragiona di processo penale, l'errore giudiziario è sempre dietro l'angolo.

Perché il processo penale è un'esperienza umana.

E perché, quando si ragiona di essere umani, si ragiona per questo solo di errori.

Di quanto sopra è sempre stata consapevole anche la Suprema Corte americana, tradizionalmente incline a ricordare che la regola aurea del *beyond any reasonable doubt* esiste proprio al fine di evitare che, potendo sempre errare, il giudice erri condannando un innocente: se proprio deve errare, in altre parole, è preferibile che il giudice erri assolvendo un colpevole.

Ma cosa significa in concreto al di là di ogni ragionevole dubbio?

Poter condannare unicamente quando l'imputato risulti colpevole al di là di ogni ragionevole dubbio significa che l'imputato può essere condannato esclusivamente quando la sua colpevolezza risulti provata al di là di ogni dubbio razionale.

Cosa significhi dubbio razionale è presto detto: la prima istruzione che i giudici anglo-americani sono soliti impartire alle giurie popolari è che i giurati devono dichiarare *not guilty* l'imputato anche quando sono convinti del fatto che lo stesso abbia *probabilmente* commesso il *crime* [A. Dershowitz]: se non c'è quella che, intervistati *ex post*, i giurati del caso O.J. Simpson non ebbero remore a definire incrollabile convinzione nella verità dell'accusa, in altre parole, c'è dubbio razionale, con la conseguenza che l'imputato deve essere dichiarato non colpevole.

Su questo sfondo, non v'è chi non veda, a mio parere, come ragionare di *wrongful convinctions* significhi ragionare innanzitutto di garantismo: finché non comprenderemo, infatti, che il sotto-bosco del processo penale è caratterizzato per sua natura dalla tradizionale contrapposizione garantismo – qui inteso alla stregua di rispetto delle regole – *v.* autoritarismo – qui inteso alla stregua di abuso dell'autorità –, non comprenderemo nemmeno che l'errore giudiziario è cosa oggettivamente complessa.

Se nessuno dubita, infatti, che non possa esistere una giustizia penale interamente vera – consimile giustizia altro non rappresenterebbe se non pura utopia –, parimenti non può esistere una giustizia penale interamente non vera – perché una giustizia penale interamente non vera equivarrebbe a puro arbitrio – [L. Ferrajoli].

Ciò chiarito, preme altresì osservare quanto segue.

Si è testé detto che nel sotto-bosco del processo penale a stagliarsi sullo sfondo è la classica dicotomia rispetto delle regole *v.* abuso dell'autorità.

Questa constatazione non può essere pretermessa quando si ragiona di errore giudiziario.

Nessuno ovviamente intende sostenere la validità del tradizionale modello illuministico che predicava la perfetta corrispondenza tra previsioni astratte e fattispecie concrete, con conseguente possibilità di applicare meccanicamente la legge: quando Cesare Beccaria salutava con favore il cosiddetto sillogismo giudiziale scrivendo che, «in ogni delitto, si deve fare dal giudice un sillogismo perfetto: la maggiore dev'essere la legge generale, la minore l'azione conforme o no alla legge, la conseguenza la libertà o la pena», anzi, lo stesso altro non faceva se non cadere a sua volta vittima di quella che Luigi Ferrajoli ha elegantemente definito «ingenuità filosofica viziata da realismo metafisico».

Che consimile modello rappresenti mero ideale astratto, d'altro canto, è cosa che hanno già confermato le cosiddette teorie anti-formalistiche, nonché le intuizioni di Oskar Bulow, di Ernst Kantorowicz, di Hans Kelsen e di Chaim Perelman.

Ma, proprio per questa ragione, è di fondamentale importanza che le garanzie che la Costituzione e il codice di procedura penale apprestano a protezione di tutti i cittadini vengano sempre rispettate, rappresentando le stesse tanto garanzie di libertà quanto garanzie di verità.

Soprattutto se si conviene sul fatto – è l'unica impostazione realistica – che non esiste nessun criterio sicuro per stabilire la verità delle tesi giudiziarie.

Perché la verità assoluta non esiste nemmeno nel processo penale.

E non esiste semplicemente perché la verità assoluta

non rappresenta altro se non il classico limite ideale [A. Tarsky].

Così è, a ben guardare, anche in ambito scientifico, ove già da tempo appare indubitabile che la verità sia sempre relativa ovvero – e ribaltando l'ottica del ragionamento – che l'επιστημ (epistème), inteso esso alla stregua di conoscenza sempre certa e sempre dimostrabile, altro non rappresenti se non il classico εἴδωλον (éidolon).

La verità è sempre relativa perché è sempre approssimativa.

È un modello.

È una semplice idea regolativa.

Che non siamo capaci di eguagliare, ma che possiamo solo avvicinare [K. Popper].

Il punto però è che, se la verità è sempre relativa, più relativa ancora per sua stessa natura sarà la verità processuale.

Perché, avendo ad oggetto *lost facts* – *i.e.* fatti del passato –, non può essere affermata sulla base di osservazioni dirette.

Perché, non essendo uno storico, nel ricostruirla il giudice si avvale soprattutto di fonti nuove – interrogatori, testimonianze, confronti, esperimenti giudiziari, ecc. –.

E perché comunque, per quanto obiettivo, il giudice è sempre influenzato e da pre-valori etico-politici e dalle proprie convinzioni – contrariamente a quanto pensava Cesare Beccaria, in altre parole, non è pensabile che lo stesso possa essere «indifferente ricercatore del vero» –.

Da quanto precede discende che qualunque indagine

fattuale, ivi compresa quella giudiziale, dipende sempre dal contesto di riferimento – *i.e.* dal contesto nell'ambito del quale è condotta –, nonché dalle metodologie usate e dalle finalità perseguite [L. Ferrajoli].

Con la conseguenza, per quel che qui importa, che è proprio ragionando di indagine fattuale giudiziale che è necessario rimettere prestamente in campo quelle garanzie di libertà che abbiamo visto essere *in primis* garanzie di verità.

Perché, in difetto, è davvero difficile che il giudice, per le testé esposte ragioni, possa pervenire ad una decisione giusta.

Con l'avvertenza – è bene annotare – che, per essere giusta, una decisione deve necessariamente fondare sulla verità della ricostruzione fattuale.

Da questo punto di vista deve essere chiaro che anche la decisione giusta in senso assoluto rappresenta il classico εἴδωλον (éidolon).

Perché giusta in senso assoluto potrebbe essere esclusivamente quella decisione che affondasse le proprie radici in una verità a sua volta assoluta.

Ma, essendo la verità sempre relativa, è evidente che non possa esistere nessuna decisione giusta in senso assoluto.

Questo non significa però – questo è il punto – che, per questa sola ragione, il processo penale possa essere celebrato senza garanzie/sulla base di garanzie depotenziate da interpretazioni giurisprudenziali sovente improntate a vero e proprio autoritarismo.

Sotto questo specifico profilo peraltro non ci si può esimere dall'osservare come nell'attualità si assista sempre più spesso a veri e propri rigurgiti di inquisitorietà.

Quando la giurisprudenza anche di legittimità inizia ad invocare sempre più spesso la verità storica e per tale via a pretendere sempre più spesso l'irrogazione di pene esemplari, infatti, altro la stessa non fa se non predicare la prevalenza dell'autoritarismo – e dunque dell'abuso dell'autorità – sul garantismo – e dunque sul rispetto delle regole – in vista di «censurabili scopi di matrice politico-ideologica» [L. Ferrajoli].

Dispiace.

Perché, così opinando, si continua a dare mostra di non comprendere che tra errore giudiziario e populismo – qui inteso alla stregua di impostazione che mira a depotenziare le garanzie difensive – v'è un nesso inscindibile.

Se corrisponde a verità, infatti, che la verità processuale è per sua natura instabile, certamente non è ignorando i frutti garantistici dell'illuminismo e del post-illuminismo che si può pensare di scongiurare il rischio di *wrongful convinctions*.

Le garanzie di libertà sono anche e soprattutto garanzie di verità: più le si comprime – *recte*: più le si calpesta – e più è facile – *recte*: è probabile – che, errando, il giudice condanni un innocente.

15
Zona grigia

Il tema della sicurezza è oggettivamente imbarazzante per i giuristi.

È recentemente ritornato agli onori della cronaca nazionale in conseguenza di quanto dichiarato da un noto giornalista televisivo a commento di quanto accaduto dopo il violento scontro tra poteri e ordine statuali che ha visto contrapposti Governo e magistratura inquirente nell'ambito dell'*affaire* Al-Masri.

E per certi versi potrebbe anche essere considerato *il* tema.

Perché il prisma proprio del diritto penale è certamente dissimile e ben più complesso di quello, politico, attraverso il quale si è soliti dibatterne.

Ragionare di sicurezza e diritto penale, infatti, significa ragionare della classica dicotomia diritto alla sicurezza *v.* sicurezza dei diritti.

È stato detto che terrorismo – ma la riflessione, a determinate condizioni, deve essere estesa anche alla criminalità organizzata, se con l'espressione criminalità organizzata intendiamo evocare coloro che si sono dimostrati in grado di trucidare servitori dello Stato facendo saltare in aria autostrade e palazzi – significa forma di lotta mirata a fare prevalere una parte minoritaria su chi è più forte e occupa il potere [M. Mori].

Ne convengo.

Perché, per quanto spesso si finga di dimenticarsene,

sono a mia volta dell'idea che, quando le strade si colorano di rosso, ove è scritto terrorismo e/o criminalità organizzata, si debba leggere guerra.

Dal punto di vista giuridico però il principio è sempre stato quello in base al quale anche nelle situazioni di crisi e dunque di guerra ci devono essere regole democratiche, nonché giudici capaci di imporle a Governo e Parlamento – qui inteso alla stregua di legislatore –.

Perché?

Perché il fine ultimo dello stato democratico costituzionale è sempre stato quello di scongiurare il rischio che l'emergenza si tramuti in «un'anomala normalità [...] costruita sulla violazione della separazione dei poteri e della dignità della persona» [G. de Minico].

Sotto questo profilo, se si focalizza l'attenzione sul versante italiano, non ci si potrà esimere dall'osservare come la migliore dottrina inclini a ritenere che il diritto alla sicurezza contrassegni un diritto – in parte autonomo, in parte indiretto – costruito a partire dalla più generale nozione di qualità della vita.

Se però si inscrive la riflessione nella più ampia riflessione condotta in materia a livello internazionale, ci si avvedrà immediatamente del fatto che autorevoli osservatori hanno reiteratamente sottolineato come, correttamente intesa, la sicurezza non contrassegni un diritto, bensì la condizione necessaria per l'effettivo esercizio di tutti i diritti.

Lo stallo che, così impostata la questione, si va a profilare all'orizzonte oggettivamente è serio.

Infatti, se si ritiene che la sicurezza contrassegni un diritto, ci si potrà finanche spingere a giustificare i fondamenti concettuali della legislazione dell'emergenza.

Si potrà finanche arrivare a giustificare, insomma, oggettive sospensioni di diritti costituzionalmente garantiti – è ciò che è accaduto, a ben guardare, anche in Italia, durante i cosiddetti anni di piombo, quando la stessa Corte Costituzionale non ebbe remore a fare salve norme eccezionali facendo leva, per un verso, sul fatto che il terrorismo rappresentasse fenomeno che puntava a colpire direttamente le istituzioni democratiche e, per l'altro verso, sul fatto che le indagini in materia fossero caratterizzate da oggettive difficoltà –.

Se invece si opina diversamente e si ritiene che la sicurezza contrassegni la condizione necessaria per l'effettivo esercizio di tutti i diritti, si sarà costretti a condividere l'opinione di coloro che in più occasioni hanno osservato come nell'ambito dello stato democratico costituzionale la Costituzione debba sempre essere considerata intoccabile.

Come è stato autorevolmente annotato, infatti, nell'ambito di tale stato la Costituzione dovrebbe sempre rappresentare quella legge capace di offrire anche in tempo di guerra protezione a tutti gli uomini: «[m]ai» – hanno sottolineato i giudici della Corte Suprema degli Stati Uniti d'America – «fu concepita dall'intelletto umano una dottrina con conseguenze più deleterie di quella che implica che ogni [...] disposizione [della Costituzione] possa essere sospesa nell'ambito di una qualunque emergenza di rilievo dal governo [perché l]a Costituzione [già] conferisce al[lo stesso] tutti i poteri che gli occorrono per garantire la propria sopravvivenza».

Prendere posizione in merito oggettivamente non è facile.

Basti considerare in proposito come alcuni ordinamenti – quello francese, per esempio –, pur dovendo certamente essere ricondotti nell'alveo proprio degli stati democratici costituzionali, prevedano espressamente forme di stato di eccezione.

Che invece sono ignote alla nostra Costituzione.

Che, come noto, prevede unicamente lo stato di guerra.

Ma, a parte il fatto che lo stato di guerra sembrerebbe essere attivabile solamente nell'ipotesi di conflitti bellici tra Stati, il punto è che lo stesso non parrebbe comunque conferire pieni poteri a nessuno, ma unicamente i poteri necessari a *Premier* e Ministri.

I rapporti tra sicurezza e diritto penale – *recte*: processo penale – sono stati investigati *ex professo* anche dalla Corte di giustizia dell'Unione europea.

Che, nell'affrontare la *quaestio* inerente alle cosiddette *black lists* ONU – il riferimento è qui alle liste in materia di beni delle persone fisiche o giuridiche sospettate di finanziare il terrorismo –, aveva modo di sottolineare come, nel compilare le stesse, le Autorità europee, se, per un verso, avrebbero dovuto garantire un'effettiva tutela giurisdizionale, per l'altro verso, avrebbero dovuto assicurare un effettivo rispetto del diritto di difesa.

Sotto altro – e però connesso – profilo, va considerato

anche il fatto che terrorismo e criminalità organizzata contrassegnano un problema di matrice culturale.

La qual cosa non può essere pretermessa – come invece spesso accade – soprattutto quando si ragioni di sicurezza e diritto penale.

Perché ancora oggi, in questi casi, la tentazione è quella di scomodare il concetto di diritto penale del nemico, sdoganando con ciò paradigmi punitivi cari al cosiddetto legislatore della paura.

È questo, come noto, un diritto penale costruito a partire dall'identificazione di alcune persone come nemici dello Stato.

Che affonda le proprie radici nella superfetazione delle fattispecie di reato di pericolo presunto.

E che si caratterizza per l'evocazione di pene afflittive, sproporzionate e però altamente simboliche [M. Donini].

A venire qui in rilievo, insomma, è un diritto penale che, giocando su quelli che sono pesanti affievolimenti delle garanzie giurisdizionali, tende a virare verso lidi improntati a veri e propri fenomeni di degiurisdizionalizzazione pensati per giustificare l'applicazione di misure basate su meri sospetti.

Ma ragionare in termini di diritto penale del nemico significa ragionare in termini di politiche penali, non già in termini di politiche criminali.

In contesto in cui, come noto, i problemi di matrice culturale certamente non si affrontano – né si risolvono –

ragionando sulla base di politiche penali, bensì sulla base di politiche criminali.

Alla luce di quanto precede, in ogni caso, la domanda, qui giunti, diventa: nella guerra a terrorismo e criminalità organizzata, ci si può limitare a ragionare unicamente in termini di prevenzione e repressione o bisogna tenere sempre presenti anche i diritti di libertà?

Per quanto imbarazzante dal punto di vista pratico, credo che la risposta debba essere netta sotto il profilo teorico: bisogna tenere sempre presenti anche i diritti di libertà.

Perché è sacrificando gli stessi sull'altare dell'emergenza che si corre il rischio, invero non latente, di sacrificare esattamente ciò che lo Stato dovrebbe sempre avere la forza di difendere anche davanti a minacce così gravi quali quelle rappresentate da terrorismo e criminalità organizzata.

Ciò chiarito, come si diceva in apertura di trattazione, giusto in queste ore, si è ritornati a parlare, seppur solo per vie traverse, di sicurezza *sub specie* di cosiddetta zona grigia.

Scriveva a tal proposito un Maestro – che certamente non può essere tacciato del fatto di non essere stato avvocato con la a maiuscola –: «[a] differenza dei neofiti della legalità, i liberali di antica data hanno sempre saputo che lo stato di diritto deve convivere, se si vuole sopravvivere, con l'esigenza della sicurezza nazionale».

«Il che significa» – proseguiva Ettore Randazzo nell'occasione – «che si deve accettare per forza un compromesso, riconoscere che, quando è in gioco la sopravvivenza della comunità [...], deve essere ammessa l'esistenza di una "zona grigia", a cavallo tra legalità e illegalità, dove gli operatori della sicurezza possano agire per sventare le minacce più gravi».

«I neofiti della legalità non lo capiranno mai» – chiosava lo storico presidente dell'Unione delle camere penali italiane –, «ma questo compromesso è anche l'unica cosa che, in condizioni di emergenza, possa salvare lo stato di diritto e la stessa democrazia.

Perché quando arrivano le bombe, quando le strade si tingono di sangue, o ci si affida a quel tacito compromesso oppure si deve scontare l'inevitabile reazione che porterà, prima o poi, dritto filato verso soluzioni autoritarie.

Le democrazie più salde e consolidate ne sono consapevoli e per questo difendono quel compromesso.

Il rischio è che una malintesa, fondamentalista, visione della legalità ci porti ad abbassare drasticamente le difese, per esempio a isolare i nostri addetti alla sicurezza dal resto dei servizi segreti occidentali, perdendo così l'*input* più prezioso nella guerra simmetrica contro il terrorismo: le informazioni».

Se quanto precede è corretto, ferma la necessità di tenere sempre presenti anche i diritti di libertà, la domanda diventa: come si deve ragionare con riguardo alla cosiddetta zona grigia?

Come si deve ragionare cioè con riguardo a quella zona che, posta a cavaliere tra legalità e illegalità, è esclusivamente destinata alle operazioni *under* degli operatori della sicurezza?

La risposta oggettivamente è difficile.

Di primo acchito, infatti, si sarebbe tentati di affermare che, anche quando in gioco ci fossero davvero i nostri diritti di libertà, pur sempre non dovremmo poter abdicare a ciò che caratterizza direttamente la nostra civiltà giuridica, pena il rischio, invero non latente, di perdere l'anima.

Per non sembrare eccessivamente ingenui però probabilmente ci dovremmo concentrare più attentamente sulla necessità di dare vita a più realistici bilanciamenti di valori e di interessi.

In quest'ottica, anche volendo ragionare da giuristi, credo si farebbe davvero fatica a negare che, quando le strade si colorano di rosso, la cosiddetta zona grigia possa effettivamente rappresentare l'unica àncora di salvezza per la democrazia.

Non so – sinceramente non lo credo – se corrisponda a verità che tale zona possa salvare anche – e come scriveva Ettore Randazzo – lo stato di diritto.

Probabilmente, in questo secondo caso, la risposta avrebbe dovuto essere negativa.

Credo però che, quando si arriva davvero a far esplodere bombe nelle strade e nelle piazze, chi regge e governa lo Stato non si possa esimere dall'interrogarsi in merito a quello che dovrebbe essere il vero senso – ma sarebbe forse più corretto dire la vera funzione pratica – dello stato di diritto.

Detto altrimenti: siamo davvero disposti a scommettere che lo stato di diritto possa esistere a prescindere dalla democrazia?

La domanda, a mio parere, si appalesa fondamentale.

Perché, se la risposta fosse no, allora ci si troverebbe inevitabilmente costretti a chiedersi che senso abbia in questi casi porre così marcatamente l'accento sullo stato di diritto se a morire, non permettendo agli operatori della sicurezza di operare nell'ambito della cosiddetta zona grigia, sarebbe la democrazia.

Se fosse vero, in altre parole, che davvero ci sono casi in cui, non permettendo agli operatori della sicurezza di operare *under*, la democrazia potrebbe morire, avrebbe senso dire no alla cosiddetta zona grigia per preservare uno stato di diritto che, per quanto fondamentale, sarebbe a sua volta destinato a morire con la democrazia?

A conti fatti – e come è stato correttamente scritto –, la cosiddetta zona grigia esiste in tutte le democrazie, perché tutte le democrazie, per le testé esposte ragioni, «difendono quel compromesso» (E. Randazzo).

La verità probabilmente è che, quando a rischio vi sono davvero le vite di tante persone e v'è davvero necessità di decidere, bisognerebbe semplicemente accettare il fatto che il mondo non è perfetto.

Epilogo

Sogno di vivere in un Paese consapevole del fatto che gli avvocati penalisti difendono i diritti, non i delitti.

Capace di comprendere che siamo tutti fallaci e dunque inclini all'errore.

Consapevole del fatto che la vita vera è grigia.

Non è bianca e non è nera.

Ma è grigia.

Capace di comprendere che, vero ciò, è fondamentale essere sempre prudenti nel giudizio.

Sogno di vivere, insomma, in un Paese che voglia davvero rimettere al centro della scena della giustizia penale la dignità delle persone.

È un sogno il mio?

Sì.

Lo è.

Ma, in fondo, è solo sognando che si vive.

E soprattutto è solo sognando che si può davvero *essere* avvocati penalisti.

Perché è solo sognando che, giorno dopo giorno, è possibile continuare a credere nella giustizia dell'uomo.

In quella giustizia così forte e così debole.

In una parola, così fallace.

Ma che rappresenta pur sempre l'unica giustizia che abbiamo, qui, sulla terra.

Finito di stampare nel mese di aprile 2025
nella Stampatre s.r.l. di Torino
Via Bologna, 220